KB105150

사회 선생님이 들려주는
공정무역 이야기

The story of fair trade

Written by Korea Teachers' Association for the social studies, South Korea.
Published by Sallim publishing, 2017.

· 전국사회교사모임 지음 ·

사회 선생님이 들려주는

공정무역 이야기

사회적 감수성을 키우는 시민교과서

FAIRTRADE
KOREA

살림Friends

지은이 **전국사회교사모임**

김규태(이목중학교 · 제7장)
평범하거나 설령 못났고 가난한 사람이더라도 사람으로서의 품격을 존중
해주는 사회를 바라며 공정무역과 협동조합을 소개하는 글을 썼습니다. 가
난한 나라에 사는 사람도 꿈이 있습니다. 그런 사람들에게 공정 무역은 의
미 있고 진취적인 실험입니다.

김동희(구현고등학교 · 제5장)
머나먼 농장에서 누군가 흘리는 땀방울들, 그리고 그에 대한 공정한 대가
에 관하여 학생들과 함께 이야기해보고 싶었습니다. 이는 곧 우리들 삶의
문제이기도 하니까요.

김상희(인헌중학교 · 제2장)
더없는 풍요 속에서도 8억의 인구가 굶주림에 시달리는 세계. 세상을 변화
시키는 것은 거대한 프로젝트가 아니라 내가 지금 여기서 할 수 있는 작은
실천입니다. 이 책은 사회 교사인 우리가 세상에 보태는 하나의 작은 실천
입니다.

김선광(진건고등학교 · 제3장)
이 책을 엮어내기 위하여 많은 시간과 노력을 기울여야 했지만, 그 과정에
서 여러 선생님들과 함께 나누고 성장하면서 보람을 느낄 수 있었습니다.
공정무역의 가치도 이와 같지 않을까 하고 생각합니다.

서재민(구로중학교 · 제7장)
생존경쟁, 빈부격차, 신뢰의 붕괴, 만연한 불안의 사회 속에서 공정무역은
연대와 협력, 공생이라는 선순환 구조의 작은 시작점이 될 것입니다. 공정
무역의 진실된 이야기들을 읽으며 그 시작을 함께하면 좋겠습니다.

선보라(장평중학교 · 제1, 6장)
공정무역은 가진 자들의 구미에 맞게 요리되어 그들의 입속으로 들어갔던 무역을 제자리로 돌려놓는 운동입니다. 그리고 그 변화의 중심에는 여러분, 소비자가 있습니다.

이수영(북서울중학교 · 부록)
배운다는 것은 실천하는 것입니다. 신영복 선생님께서는 가장 먼 여행은 머리에서 가슴까지의 여행이고, 그보다 더 긴 여행은 가슴에서 발까지라고 하셨어요. 여러분이 공정무역에 대해서 아는 것을 넘어 가슴으로 공감하고 실천하는 데 발판이 되는 책이었으면 좋겠습니다.

장경주(양화중학교 · 제8장)
공정무역은 우리들이 살고 있는 곳과 그 바깥의 세계가 어떻게 연결되어야 하는가를 잘 보여줍니다. 학생들이 공정무역을 통해 지구 반대편의 친구들과 교감하면서 생명들이 모두 살기 좋은 곳, 지구 민주주의를 일구어가길 바랍니다.

정민정(삼각산중학교 · 제4장)
저마다의 삶을 버텨내려고 우리 모두 안간힘을 쓰고 있습니다. 하지만 주변을 둘러보고 서로 기대는 편이 홀로 서 있는 것보다는 훨씬 나을 겁니다. 공정무역은 이렇게 함께 살아가는 서로를 둘러보고 기대어 서는 일입니다.

정유진(수원농생명과학고등학교 · 제5장)
지구 저편 어딘가에서 기적이 일어나고 있습니다. 나의 삶 속에서 누군가의 삶을 달라지게 할 수 있다면 그것이 기적일 것입니다. 공정무역도 그러합니다.

머리말

　"경제도 결국 인간의 삶이다. 한 개인의 삶은 다른 사람들의 삶, 삶의 터전이 되는 자연과 촘촘한 그물망처럼 연결되어 있다. 인간이 이기적이기만 해서는 공동체를 유지할 수 없으며, 자연 속에서 생존할 수도 없다. 인간의 삶 중 가장 이기적일 수 있는 경제활동에서도 다른 사람과 자연과의 관계를 고려해야만 한다. 이러한 맥락에서 공정무역은 더 나은 경제생활을 위한 하나의 방향을 제시해 준다. 소비는 작지만 중요한 선택이며, 공정하게 생산된 물건을 선택하여 소비하는 것은 지금의 경제적 불평등을 해소할 수 있는 첫걸음이 될 수 있다. 대부분의 사람들은 의미 있는 삶을 살고자 하는 마음을 가지고 있다. 공정무역의 가치와 의의를 알린다면 이에 관심을 갖고 동참하려는 사람들이 많아질 것이다."

　우리가 공정무역에 대해 공부하면서 나누었던 이야기들입니다. 전국사회교사모임에서 공정무역을 처음 접한 것은 2005년 무렵 경제에 대한 공부를 하면서부터입니다. 자유로운 경쟁을 통한 효율성 증진을 강조하는 주류 경제학을 비판적인 관점에서 분석한 책들을 읽으면서 대안적인 해결책의 하나로 제시된 공정무역에 대해서 주목하게 되었습니다.

이후 우리 모임의 선생님들은 각자의 학교에서 수업과 동아리 활동을 통해 학생들이 공정무역을 이해할 수 있는 기회를 제공하고 인근 지역사회에서 공정무역 홍보 캠페인을 전개하기도 했습니다. 그 과정에서 학생들이 생산자들의 고된 삶을 보고 타인의 고통에 공감하고, 개개인의 소비가 사회를 변화시킬 수 있음을 깨달아가는 것을 보면서, 더 많은 학교에서 공정무역에 관한 교육이 이루어지면 좋겠다는 바람을 가지게 되었습니다. 처음에는 학교 교육에서 참고할 수 있는 공정무역 자료집을 만들어보자는 의견이 나왔는데, 좀 더 욕심을 부려 교사와 학생 그리고 학부모님도 쉽게 읽을 수 있는 책으로 엮어보자고 의기투합하게 되었습니다.

공정무역은 단순히 국제적 분업과 교환을 통하여 경제적 이익을 극대화하려는 이윤추구 활동이 아닙니다. 공정무역은 빈곤 문제와 환경 문제에 대한 고민에서 시작한 대안적 경제사회 운동입니다. 공정무역 상품 생산자들이 더 나은 삶을 시작할 수 있도록 기반을 만들어주고, 기업들이 친환경적인 제품을 생산하도록 유도하여 소비자들에게 좀 더 건강한 삶의 기회를 넓혀주는 것입니다. 이런 점에서 공정무역은 자신의 경제활동을 다른 사람의 삶 그리고 환경과의 관계에서 살펴보는 성숙한 시민사회의 한 모습이라고 할 수 있습니다.

이 책을 기획할 때 우리 모임에서는 어떻게 하면 독자들이 공정무역에 내재된 사회적 가치들을 삶과 연결하여 인식할 수 있을까를 고민하고 논의했습니다. 우리는 공정무역과 관련된 살아 있는 이야기를 책에 담기로 했습니다. 공정무역 자체에 우리가 추구해야 할 공동체의 모습이 투영되어 있다고 생각했기 때문입니다.

이러한 고민과 논의를 바탕으로 다음과 같이 책을 구성했습니다. 우선 공정무역에 대한 본격적인 내용을 전개하기 전에 소비의 의의(제1장), 빈곤문제(제2장), 무역문제(제3장)에 대하여 살펴봄으로써 어떤 맥락에서 공정무역에 접근해야 할지 방향을 제시하고자 했습니다. 그리고 이를 바탕으로 공정무역의 특징과 희망의 가능성(제4장)에 대해 생각해볼 수 있게 했습니다. 공정무역과 관련된 생생한 생산자들의 이야기(제5장)와 소비자들의 이야기(제6장)를 통해 앞에서 다룬 공정무역에 대한 이야기가 삶의 이야기, 실천의 이야기임을 전하고자 했습니다. 또한 공정무역 과정에서 중심적인 역할을 하는 협동조합(제7장)에 대해서도 다루었습니다. 이는 사회적 경제로서의 공정무역의 특징을 파악하는 데에 도움을 줄 수 있을 것입니다. 그리고 우리 생활에서 가장 민감한 문제 중의 하나인 먹거리 이야기(제8장)를 통해 공정무역 제품을 선택하는 행동이 사회를 어떻게 변화시킬 수 있을지 생각해볼 수 있도록 했습니다. 마지막으로 부록에서는 학교에서 진행할 수 있는 공정무역 교육 활동을 그동안의 실제 교육 경험을 바탕으로 안내했습니다.

이 책을 통해 우리는 공정무역에 담긴 삶의 이야기 속에서 나의 삶과 다른 사람들의 삶, 또 나의 삶과 환경과의 연결고리를 발견하고, 그 모두를 소중하게 여길 수 있는 성숙한 시민 의식을 쌓아가는 데에 작은 보탬이 되고자 했습니다.

마지막으로 책의 내용을 함께 검토해가면서 새로운 아이디어도 주시고 진심 어린 조언과 아낌없는 응원을 해주신 전진현, 최혜연 선생님께 감사드립니다. 또한 우리 모임 선생님들이 공정무역 교육 활동을 전개할 때 많은 도움을 주신 '아름다운커피' 관계자님들, 책

곳곳의 실천 사례로 소개된 여러 학교의 학생들과 선생님들이 있었
기에 이 책이 나올 수 있었습니다. 진심으로 감사드립니다.

2017년, 봄을 기다리며
전국사회교사모임 이수영

차례

제1장

어떤 것을 사서(buy)
어떻게 살(live) 것인가

– 사회를 움직이는 소비자의 힘

"산다(live)는 것은 산다(buy)는 것이며,
산다(buy)는 것은 권력이 있다는 것이며,
권력이 있다는 것은 의무가 있다는 것이다."
– 19세기 국민소비연맹 모토

"Am I not a man and a brother?"
(나 역시 인간, 그리고 형제가 아닙니까?)

윌리엄 윌버포스(William Wilberforce, 1759~1833)는 책상 위에 놓여 있는 포스터를 들어 올려 아래에 적힌 '나 역시 인간, 그리고 형제가 아닙니까?'라는 문구를 읽었다. 이 문구를 읽자 자신도 모르게 한숨이 새어나왔다. 윌버포스는 들고 있던 포스터를 내려놓고 책상 위에 수북하게 쌓여 있는 문서 더미에서 누런 봉투를 집어 들었다.

도자기 제조업자 조사이어 웨지우드가 1787년에 만든 포스터

노예제 반대운동 단체의 엠블럼으로, 브로치 등의 액세서리에 붙여져 노예제 반대운동을 알리는 데에 일조했다.

'노예무역 폐지. 발기인 윌리엄 윌버포스'

한숨을 내쉬며 윌리엄은 봉투 속에서 종이 한 장을 꺼냈다.

윌리엄 윌버포스 외 5인은 노예무역 폐지안을 상정합니다.

노예는 우리와 똑같은 사람입니다. 어찌 사람을 재물처럼 사고 팔수 있습니까. 이는 인간의 존엄성을 우리 스스로 포기한 비윤리적인 제도입니다. 지금까지 우리 영국 국적의 상선에서만 340만 명 이상의 노예가 거래되었습니다. 일부에서는 스스로 원했던 사람들이 노예가 되었기 때문에 문제될 것이 없다고 합니다. 하지만 실제로는 납치와 강제 인신매매 등에 의해서 노예로 팔려온 사람이 훨씬 많습니다.

본인의 의지와는 상관없이 노예가 된 사람들이 얼마나 비참하게 살고 있는지 아십니까? 플랜테이션 농장에서는 6세 이하의 아이들과 거동이 불편한 노인들을 제외한 모든 노예들이 동원되어 하루 18시간 이상씩 휴일도 없이 일해야 합니다. 이것은 인간의 한계를 넘어선 노동량입니다. 고된 노역으로 노예의 수명은 기껏해야 7~10년을 넘기지 못하고 있습니다. 우리는 그들의 피와 희생으로 생산한 커피와 차를 마시고 있는 것입니다.

이제 이러한 악습을 버려야 할 때입니다. 더 큰 희생을 치르기 전에 우리가 앞장서서 의식 있는 행동을 해야 합니다.

1791년 5월 13일 윌리엄 윌버포스 외 5인

"하아…… 폐지안이 받아들여지지 않았으니, 이제는 어떻게 해야 할까……."

긴 한숨을 내쉬며 윌버포스는 폐지안을 봉투에 다시 넣었다. 그때 방문을 두드리는 소리와 함께 문이 열렸다.

"안녕하십니까. 지난 주에 만나 뵙고자 연락을 드린 윌리엄 폭스입니다."

"저도 반갑습니다. 이쪽으로 앉으시죠."

폭스는 자리에 앉기도 전에 윌버포스를 보며 물었다.

"상정안은 어떻게 되었습니까?"

"부결되었습니다. 우리 의회가 이 정도 수준이었다니…… 그저 한숨만 나올 뿐입니다."

"의원님, 예상했던 결과 아니었습니까? 너무 상심하지 마십시오. 노예제도의 특혜를 받고 있는 일부 의원들이 얼마나 반대했을지 잘 알고 있습니다."

"치밀하게 준비했던 상정에 실패하고 나니 어디에서부터 다시 시작해야 할지 모르겠습니다."

"의원님께서 노예제도 폐지를 위해 얼마나 노력하셨는지 잘 알고 있습니다. 하지만 법이 바뀌기를 기대하고 있기에는 매우 시급한 문제입니다. 지금 이 시간에도 수백 명의 노예들이 죽어가고 있습니다. 이제는 실질적인 방법으로 우리의 의지를 보여줘야 할 때입니다."

힘 있는 어조로 말을 마치며 폭스는 두 주먹을 불끈 쥐었다.

"노예제도 폐지보다 더 실질적인 수단이 뭡니까? 법보다 더 강력한 수단이 있습니까?"

"의원님, 커피 좋아하십니까?"

"그럼요. 그런데 왜 갑자기 커피 이야기를 꺼내시는 겁니까?"

"의원님께서는 커피에 설탕을 넣어 드십니까?"

"네, 당연하지요. 쓴 커피를 그냥 마시는 사람이 영국에 몇이나 되겠소?"

"그럼 우리가 소비하고 있는 설탕이 어디에서 오는지도 알고 계시겠죠?"

폭스의 질문에 윌버포스는 무릎을 치며 자리에서 일어났다.

"아, 맞소! 영국에서 소비하고 있는 설탕의 대부분이 수입에 의존하고 있소. 그 설탕들은 바다 건너 플랜테이션* 농장에서 노예들이 생산해낸 것들이지. 하지만 그 농장들은 전부 합법적인 방법으로 생산하고 있소. 노예제도가 폐지되지 않는 한 영원히 합법적으로 설탕을 생산할 것이오."

"그렇습니다. 그들은 합법적으로 농장을 운영하고 있습니다. 우리가 주목해야 할 것은 생산자가 아니라 소비입니다. 노예에 의해 생산된 설탕을 구매하지 않으면 농장도 점차 생산량을 줄이게 되고, 그렇게 되면 서서히 노예의 수요도 줄어들 것입니다. 현재 영국에서 수입하고 있는 물건들 중 노예 노동력이 가장 많이 투입된 생산물이 바로 설탕입니다. 소비량 또한 많지요. 그러니 설탕 불매운동을 벌이면 파급력이 대단할 것입니다."

"흠. 발상의 전환이군. 좋은 생각입니다. 하지만 효과가 있는 것이오? 커피나 홍차를 좋아하는 사람이라면 설탕은 필수품인데…… 게다가 차를 싫어하는 영국인은 없잖소."

"설탕을 아예 사지 말자는 것이 아닙니다. 그저 노예가 생산한 서인도제도산 설탕이 아닌 동인도제도산 설탕을 사기만 하면 됩니다.

* * * * * * *

* 열대우림 지역에 선진국이 자본을 들여와 원주민의 노동력을 이용하여 상품작물을 대규모로 재배하는 농업 방식.

제임스 길레이, 「서인도제도의 만행」, 영국국립초상화미술관, 1791.
풍자만화가 제임스 길레이는 서인도에서 자행되는 끔찍한 노예노동을 백인 농장주가 흑인 노예를 설탕 만드는 큰 솥에 넣는 그림으로 표현하였다.

의원님의 도움이 필요합니다. 의원님께서 의식 있는 분들의 참여를 독려해주십시오."

이날 저녁, 윌버포스의 집에서 클래펌 파(Clapham Sect, 1792년 은행가 헨리 손턴의 제의로 클래펌 시에 본거지를 마련)모임을 했다. 응접실의 기다란 테이블에는 정치인인 샤프, 클랙슨, 작가 모어, 성직자 벤, 은행가 손턴이 앉아 있었다. 그들에게 윌버포스는 새로운 제안을 했다.

"그래서 폭스 씨가 제안한 설탕 불매운동을 함께 할까 하는데 자네들 생각은 어떤가?"

윌버포스의 설명을 듣고 있던 클랙슨이 입을 열었다.

"좋은 생각이군! 누가 그런 아이디어를 낸 거지? 누군지 만나보고 싶군."

"하지만 과연 성공할 수 있을까? 한눈에 보기에도 합당한 노예무역 폐지 법안도 반대하는 사람들에게 설탕을 못 먹게 하는 것이 가능하겠나?"

코끝을 만지작거리며 듣고 있던 모어가 낮은 목소리로 묻자 윌버포스가 대답했다.

"아니지, 못 먹게 하는 것이 아니라 다른 설탕으로 바꾸라고 하면 된다네. 노예가 생산한 서인도제도산 설탕이 아니라 동인도제도산 설탕으로 말이야."

"그게 가능하겠나? 더군다나 노예제도를 찬성하는 사람들은 더욱 말을 듣지 않을 걸세."

모어는 고개를 저었다. 그러자 샤프가 그의 어깨를 두드리면서 말을 꺼냈다.

"노예무역 폐지안을 들고 다니며 의원들을 설득할 때 관심을 보였던 사람들이 있었네. 그들에게 먼저 이야기를 해보는 것이 어떻겠나?"

샤프의 제안에 벤이 말했다.

"우리의 목표는 노예제도 폐지이지만 쉽지 않은 상황이니 다양한 방법으로 목표에 접근해야 할 듯하네. 우선 폭스 씨와 긴밀하게 논의할 필요가 있겠군."

모임이 끝난 후 윌버포스는 윌리엄 폭스에게 다음 만남에 대한 편지를 썼다.

며칠 뒤, 윌버포스와 폭스는 인쇄소에서 나온 서인도제도산 설탕 불매운동 포스터를 살펴보고 있었다. 두 사람은 이번 불매운동을 반드시 성공시키겠다는 의지를 다졌다.

"내일 의회에서 설탕 불매운동에 대해 이야기할 겁니다. 이 운동에 동참할 의원들에게는 서명을 받을 생각입니다."

"의원님 덕분에 이 운동이 성공적으로 진행될 것 같습니다. 앞으로 더 힘써주십시오!"

인쇄소를 나오면서 윌버포스는 내일 있을 의회 발언을 성공적으로 끝마쳐야겠다고 다짐을 했다.

"윌리엄 윌버포스 의원의 발언이 있겠습니다."

이미 부결된 노예무역 폐지안을 다시 들고 오는 것 아니냐며 일부 의원들 사이에서 소란스러운 소리가 들렸다.

"의원님들, 저는 오늘 여러분에게 노예무역 폐지에 대해서 말씀드리기 위해 나온 것이 아닙니다. 지금 제 양손을 봐주십시오. 어느 쪽이 여러분 댁에 있는 설탕입니까?"

윌버포스는 하얀 설탕이 가득 담긴 유리컵을 양손에 각각 들고 있었다.

"그것을 어떻게 알겠소. 하얗고 달콤한 것이면 다 설탕이지."

맨 앞자리에 앉아 있던 의원이 대답했다.

"맞습니다. 둘 다 맛과 모양 모두 같은 설탕입니다. 하지만 분명한 차이가 있습니다. 제 오른손에 있는 이 설탕은 노예가 피땀 흘려서 생산한 서인도제도산 설탕입니다. 제 왼손에 있는 설탕은 노예가 아닌 정당한 노동의 대가를 받은 노동자가 생산한 동인도제도산 설

동인도제도와 서인도제도

유럽인들이 동남아시아에 처음 진출할 때에 인도대륙을 기준으로 동쪽에 위치한 섬들을 동인
도제도라 총칭했다. 콜럼버스가 1492년 아메리카 대륙 중간에 위치한 크고작은 섬들이 모인
열도에 상륙했을 때에 인도의 일부로 착각하여 서인도라고 부르기 시작했다.

탕입니다. 여러분은 노예가 자신의 목숨과 맞바꾼 설탕을 원하십니
까? 아니면 정당한 노동의 대가를 받은 이가 생산한 설탕이 좋습니
까? 커피에 들어간 설탕은 우리의 입속에서 달달한 즐거움을 줍니
다. 하지만 그것이 누군가의 희생에 의한 것이라면 과연 그 달콤함
을 즐길 여유가 생길 수 있을까요? 어떤 설탕을 살지 결정할 권리는
우리에게 있습니다. 어떤 선택을 하든지 여러분의 자유입니다. 하지
만 권리에는 반드시 책임이 따르기 마련입니다. 우리가 무심코 한
선택이 바다 건너 노예에게는 생사의 갈림길을 결정하는 중요한 선
택이 될 수도 있습니다. 노예제도의 문제점은 이미 지난 발언과 노
예무역 폐지안에서 말씀드렸습니다. 이제 여러분들의 선택만이 남
아 있습니다. 어떤 설탕을 소비하시겠습니까?"

　박수를 받으며 연단에서 내려온 윌버포스는 가슴속 깊은 곳에서
올라온 뜨거운 열기를 느끼며 자리에 앉았다.

서인도제도산 설탕 불매운동은 런던을 넘어서 근교에까지 퍼져 나갔다. 빠른 속도는 아니었지만 사람들은 점차 생각을 바꾸고 조금 더 비싸지만 노예가 생산하지 않은 동인도제도산 설탕을 사기 시작했다. 이를 위해 노력한 윌버포스와 폭스, 그리고 그들과 함께 활동하고 있는 사람들은 서인도제도산 설탕 판매업자를 비롯하여 이권을 가지고 있는 사람들에게 위협을 받는 등 많은 어려움을 겪었다. 하지만 그들의 올바른 생각과 의식 있는 행동은 점차 많은 사람들의 지지를 받게 되었다. 불매운동을 시작한 지 2년이 지나자 몇몇 지역에서는 서인도제도산 설탕의 소비가 3분의 1 이상 줄어들었고 동인도제도산 설탕의 소비가 10배 이상 늘어났다.

　　윌리엄 윌버포스가 주축이 되어 제출한 1791년의 노예무역 폐지안이 부결된 후 노예무역 폐지를 주장하던 사람들은 새로운 길을 찾게 됩니다. 바로 영국의 최대 수입 품목이었던 서인도제도산 설탕 불매운동입니다.*

　　당시 유럽에서는 설탕을 넣은 달콤한 커피를 즐겨 마시던 사람들이 많았다고 합니다. 커피의 수요가 확대되자 보완재**였던 설탕의 수요 역시 급증하게 되었죠. 그래서 서인도제도에서는 노예무역을 통해 공급된 값싼 노동력을 이용하여 플랜테이션 농장에서 대규모로 설탕의 원료인 사탕수수를 재배했습니다. 비인간적인 노예노동의 산물인 설탕은 영국인이라면 누구나 일상적으로 소비하던 품목

● ● ● ● ● ●

* 전병길·고영, 『새로운 자본주의에 도전하라』, 꿈꾸는 터, 2009.
** 따로따로 소비할 때보다, 함께 소비할 때에 더 큰 만족감을 주는 재화.

노예에 의해 생산되지 않았다고 명시되
어 있는 동인도제도산 설탕 그릇
노예노동에 의해 생산된 서인도제도
산 설탕 불매운동과 함께 대체품인
동인도제도산 설탕의 구매를 권장했
다. ⓒ BBC

이었죠. 그러던 중 일부 양심적인 지식인들이 의식 있는 소비를 주
장하기 시작했습니다. 이런 주장은 서인도제도산 설탕 불매운동으
로 구체화되었습니다.

1791년 윌리엄 폭스로부터 시작된 이 운동은 노예에 의해 생산
된 서인도제도의 설탕 대신 노예가 생산하지 않은 동인도제도의 설
탕을 대체 구매하자는 내용의 캠페인을 적극적으로 펼쳤습니다.

노예 노동력에 의해 생산된 설탕의 소비가 감소하면 농장주가 설
탕의 생산량을 줄일 수밖에 없고, 이로 인해 생산에 필요한 노예의
수를 줄이게 되어 결국 노예무역의 규모가 감소하는 데에 영향을
미칠 것이기 때문입니다.

18세기의 핫이슈 노예무역 폐지

영국의 부유한 상인의 외동아들로 태어난 윌리엄 윌버포스는 21세의 나이로 킹스턴 어폰 헐의 하원의원으로 당선되었습니다. 그의 정치 인생 동안 가장 열심히 했던 일은 바로 노예제도 폐지였습니다.

1787년 5월 윌리엄 윌버포스는 친구이자 수상이었던 윌리엄 피트와 노예 문제를 논의하다가 폐지 법안을 만들게 됩니다. 윌버포스는 클래펌 파로 불리는 동지들과 함께 노예제 폐지 전략을 생각해냈습니다. 1789년 5월 12일, 윌버포스는 처음으로 노예무역 폐지를 하원에서 주장했습니다. 하지만 실패하고 말았죠.

클래펌 파는 더욱 증거를 모으고 법안을 다듬어서 1791년에 다시 폐지 법안을 제출했지만 역시 부결되었습니다. 이후 1805년까지 노예무역 폐지 법안을 열한 번이나 의회에 제안했지만 받아들여지지 못했습니다. 윌버포스와 동료들은 생명의 위협을 받으면서 힘들게 노예무역 폐지운동을 전개했습니다.

그러던 중 마침내 1807년 2월 23일 노예무역 폐지 법안이 통과되는 성과를 얻었습니다. 그 후 1833년 7월 26일에는 영국의 모든 노예를 1년 내에 해방한다는 결정이 내려졌습니다.

─ 함규진, 『인물세계사』, 네이버 캐스트, 2012.

사지 않는 것의 힘,
불매운동은 어떻게 사회를 움직일까

소비를 하지 않는 인간은 없습니다. 이는 현재뿐만 아니라 18세기에도 마찬가지였습니다. 호모 컨슈머리쿠스(Homo Consumericus)* 라는 말이 나올 정도로 소비는 인간이 살아가는 데에 매우 중요한 행위입니다. 그렇기 때문에 소비란 그저 물건을 사는 행위를 넘어선 힘을 가지고 있습니다. 1791년에 시작된 서인도제도산 설탕 불매운동은 소비를 정치적으로 활용했습니다. 요즘은 소비자들이 힘을 모아 불매운동과 같은 형태로 영향력을 행사하는 경우를 심심찮게 볼 수 있습니다. 하지만 18세기에 소비를 제3의 목적으로 활용하기란 쉽지 않았을 것입니다. 발상의 전환이 필요한 일이었지요. 설탕 불매운동은 소비를 통해 생산 정의를 세웠다는 점에서 중요한

• • • • • •

*마케팅 교수이자 인기 블로거인 개드 사드(Gad Saad)의 책『소비 본능』(더난출판사, 2012)에서 등장한 용어로, 'Consumer(소비자)'라는 단어를 활용하여 요람에서 무덤까지 평생을 소비해야만 살아갈 수 있는 인간상을 표현했다.

가습기 살균제 제조사 옥시 불매운동 전개

103명의 사망자가 발생한 가습기 살균제 제조사인 옥시는 2000년 초 독일 전문가로부터 살균제 원료성분의 흡입독성에 대해 경고를 받고도 묵살했다. 시민단체들은 2016년 4월 기자회견을 열고 옥시 제품 불매운동을 전개하겠다고 밝혔다. ⓒ 미디어오늘

의미를 담고 있습니다. 개개인의 소비행위들이 모여 생산 방식의 변화는 물론 사회변화까지 점진적으로 이끌어냈습니다. 200여 년이 지난 지금, 이제 우리는 개인의 소비행위가 모였을 때에 갖게 되는 힘을 잘 알고 있습니다.

최근에 소비한 경험을 떠올려봅시다. 신중했나요? 아니면 충동적이었나요? 때때로 충동적으로 소비하지만, 대부분 신중하게 소비합니다. 물건을 사기 전 가격, 원재료, 용량과 크기, 브랜드 등 머릿속으로 많은 것들을 따져봅니다. 만약 꼼꼼히 따지고 산 물건이 생산 또는 유통 단계에서 문제가 있다는 사실이 밝혀졌다면 어떨까요? 화려한 포장과 광고에 속은 기분이 들지는 않을까요? 독성 물질이 들어 있다는 사실을 알고도 판매한 기업, 대리점에 갑의 횡포를 부린 기업, 아동노동 착취로 생산한 물건을 판매한 기업 등 불공정한

문제를 일으킨 기업에 대해 소비자들의 힘을 보여준 사례는 종종 있어왔습니다.

누구나 내가 먹고 쓰는 것들이 정당한 방법으로 만들어지고 공급되기를 원합니다. 이제 소비는 단순히 주린 배와 필요를 채우는 행위에서 끝나지 않습니다. 무수히 많은 상품들이 생산될 뿐만 아니라 생산 경로 또한 매우 다양하기 때문에 소비자 한 사람의 선택이 갖는 의미가 중요해졌습니다. 우리는 무엇을 어떻게 소비할 것인지 자유롭게 선택할 권리가 있습니다. 또한 이에 따른 책임도 존재하지요.

개인들이 가진 자유와 권리가 모여 우리 사회를 움직이는 정치권력이 만들어집니다. 소비 또한 마찬가지입니다. 개개인의 선택이 모여 만든 소비권력이 막강한 힘을 발휘하기도 합니다. 이와 함께 소비자의 선택이 생산단계에 미치는 영향력 또한 점차 커지고 있습니다. 소비자의 선택이 없다면 상품의 존재가치가 사라지기 때문이죠.

소비는 일상이고 습관입니다. 우선 '나는 의식 있는 소비자가 될 거야. 공정하게 생산된 상품을 사야지'라고 마음을 먹는 것이 중요합니다. 그런 뒤에는 마음먹은 대로 행동하는 연습을 해야 합니다. 무엇을 어떻게 소비할지 고민해본다면 우리 사회가 앞으로 나아갈 방향 또한 그려질 것입니다.

자, 이제 우리 함께 고민해볼까요?

제2장

세계는
왜 이토록 가난할까

– 빈곤과 민주주의

"모든 사람은 식량을 포함하여
자신과 가족의 건강과 안녕을 유지하는 데에
충분한 생활 수준을 누릴 권리가 있다."
– 세계인권선언 제25조

노마, 배고픔의 저주*

어떤 아이는 턱이 달라붙어버렸다. 얼굴엔 구멍이 뚫렸으며 눈은 축 처졌다. 어떤 아이는 코가 녹아내려 뼈가 드러났고, 어떤 아이는 입을 다물고 있는데도 이가 모두 보인다. 아이가 애써 웃음을 지었다. 눈물이 났다. 아이들은 노마라는 질병을 앓고 있었다. 나는 이 질병을 공부하기 시작했다. 이 병은 역사가 상당히 오래되었다.

노마의 증세는 고대 시대부터 알려져 내려왔는데, 최초로 노마라는 병명을 붙인 의사는 네덜란드인이었다. 그는 1685년에 발행된 안면 회저(壞疽)**에 관한 논문에서 처음으로 이 명칭을 사용했다. '노마(noma)'는 '게걸스럽게 먹다'라는 의미를 가진 그리스어 노메인(nomein)에서 파생된 말이다. 이 질병에 관한 논문은 18세기 북유

......

* 장 지글러, 양영란 옮김, 『굶주리는 세계, 어떻게 구할 것인가?』, 갈라파고스, 2012를 짧은 소설 형식으로 재구성했다.
** 혈액 공급이 되지 않거나 세균 때문에 비교적 큰 덩어리의 조직이 죽는 현상.

노마에 걸린 아이
노마에 걸려 입술이 뭉개지고 뺨이 뚫려 있다.
ⓒ facing africa

럽에서 많이 나왔는데, 이 논문들에서는 언제나 '어린이' '빈곤' '영양불량'이라는 단어가 어김없이 등장했다. 19세기 중반까지도 유럽 전역과 북아프리카에 널리 확산되어 있었던 노마는 경제 상황이 나아지면서 서서히 자취를 감추었다. 그러다 1930년대에 들어서면서 노마가 다시 등장한다. 나치 수용소에서 노마가 창궐했었다는 기록이 나왔다.

나는 책을 덮었다. 더 들여다볼 수가 없었다. 나치 수용소에서 나타났던 질병이 21세기에 해마다 14만 명에게서 새롭게 발생하고 있다. 노마 환자의 생존비율은 10% 정도이다. 해마다 12만 명이 노마로 목숨을 잃고 있는 것이다. 어떻게 해석해야 할까. 가슴이 답답하고 머리가 깨질 듯 아파와 더 읽을 수가 없다.

누르는 심각한 영양불량인 어머니에게서 태어났다. 누르는 엄마 배 속에 있을 때부터 배고픔으로 고통 받았고, 태어나기 전부터 발육부진이었다. 누르는 아므라의 넷째 딸이었다. 아므라에게는 누르에게 줄 모유가 남아 있지 않았다. 아므라는 거듭된 출산으로 허약해질 대로 허약해져 있었고, 식구 수가 많아 한 사람에게 돌아오는 식량은 매우 적었다. 누르에게 돌아올 것은 아무것도 없었다.

뺨에 구멍이 뚫리고 입술이 뭉개진 누르를 아므라는 남의 눈이 닿지 않는 곳에 숨겼다. 나는 아므라에게 이것은 저주가 아니며, 노마라는 질병으로, 외과 수술을 통해서 병을 어느 정도 바로잡을 수 있다고 설명했다. 아므라와 가족들은 내가 누르를 병원으로 데려가는 것에 동의했다. 다행이다. 보통 노마에 걸리면 절반 정도가 3~5주 사이에 사망한다. 너무 늦지 않아 다행이다.

누르를 840km 떨어진 국립병원으로 데려가면서 잠시 이야기를 나눈다. 누르는 발음을 제대로 하지 못했다. 가슴이 아파왔다. 노마는 세 단계를 거쳐 나타나는데, 먼저 입 안에 염증이 생기는 아구창으로 시작된다. 3주 이내에 입 안을 소독하고 충분한 영양을 공급하기만 하면 쉽게 낫는 단계이다. 아구창 이후에는 고열이 찾아온다. 이때에도 항생제를 투여하고 적절한 영양분을 공급해주면 낫는다.

그런데 이렇게 쉽게 나을 수 있는 병이 3유로(약 4,200원)가 없어 치료시기를 놓치게 되면 돌이킬 수 없는 무서운 질병으로 아이를 삼켜버린다. 차가 심하게 덜컹거려 생각이 멈춘다. 누르를 바라보았다. 아이의 눈에 익숙한 두려움이 묻어난다. 곧 병원에 도착할 거라고 설명해주었다. 그리고 괜찮을 거라고 아이의 손을 잡는다.

빈곤은 식량이 부족해서
생겨나는 것일까

기아에 시달리는 8억 명, 지구에 식량이 정말 부족할까

유엔세계식량계획(WFP)의 2015년 기아지도에 따르면 약 7억 9,500만 명이 기아에 시달리고 있습니다. 전 세계 인구 9명 중 1명이 기아에 시달리고 있는 셈이지요. 그럼 지구가 감당하지 못할 만큼 인구가 늘어난 것일까요? 그래서 9명 중 1명이 굶주림에 시달려야할 만큼 식량이 부족한 것일까요?

그렇지 않습니다. 현재 지구상에는 전 세계 인구가 먹을 만큼의 충분한 식량이 생산되고 있습니다. 1960년에서 2010년 사이 세계의 인구는 약 두 배 늘어났지만 곡물 생산량은 약 네 배가 증가했습니다. 현 시점에서 전 세계의 농업은 120억 명 정도는 문제없이 먹일 수 있는 것으로 나타납니다. 120억 명이면 현재 지구 인구의 두 배에 해당하지요.*

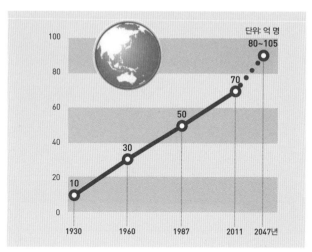

세계 인구 변화

1960년에서 2010년 사이에 세계의 인구는 30억에서 70억으로 약 2.3배 증가했다.
출처: ABC 방송, 내셔널지오그래픽 ⓒ 연합뉴스

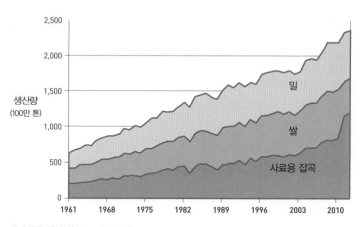

세계 곡물 생산량(1961~2012년)

1960년에서 2010년 사이에 세계 곡물생산량은 약 600만 t에서 2,400만 t으로 약 4배 증가했다.
출처: FAO

. . . .

* 같은 책, 12쪽.

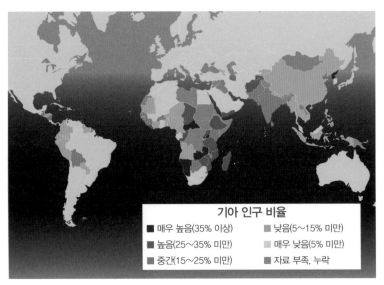

기아 인구 비율
■ 매우 높음(35% 이상)   ■ 낮음(5~15% 미만)
■ 높음(25~35% 미만)   ■ 매우 낮음(5% 미만)
■ 중간(15~25% 미만)   ■ 자료 부족, 누락

세계 굶주림 지도(2015)
전 세계 70억의 인구 중 7억 9,500만 명이 기아에 시달리고 있다. 250원이면 굶주리는 아이에게 하루치 식량을 제공할 수 있다. 출처: 유엔세계식량계획(WFP)

그런데도 8억 명이 기아에 시달리는 동시에 20억 명이 비만에 시달리고 있는 지구, 어디서부터 잘못된 것일까요?

식량생산량과 기근의 애매한 관계

식량생산량의 급격한 감소가 빈곤에 큰 영향을 미치는 것은 사실입니다. 그런데 노벨상을 수상한 세계적인 석학 아마티아 센*은

• • • • • •
＊인도의 경제학자이자 철학자.

1974년에 발생했던 방글라데시의 기근현상에서 신기한 점을 발견합니다. 1971년에서 1975년 사이 방글라데시의 식료 곡물의 가용량을 살펴보면 놀랍게도 기근이 발생해 수많은 사람들이 고통 받았던 1974년에 곡물가용량이 가장 많았다는 사실입니다.

이 기근은 홍수로 인한 지역적인 실업으로부터 비롯되었습니다. 홍수는 몇 달 뒤의 식량생산량에는 영향을 주지만, 당장 보유하고 있는 식량의 양에는 영향을 주지 않습니다. 그런데도 기근은 홍수가 발생하고 얼마 지나지 않아 곡물가용량이 가장 많았던 그 시기에 시작되었습니다. 왜 그렇게 빨리 기근이 나타났을까요?

홍수가 가난한 노동자들의 일자리를 빼앗아버렸기 때문입니다. 당시 방글라데시의 가난한 노동자들은 다른 사람의 농지에 씨를 뿌려주는 등의 노동으로 임금을 벌어서 먹고살았습니다. 그런데 홍수가 나자 일자리가 사라져버린 것이지요. 게다가 미래에 식량이 큰

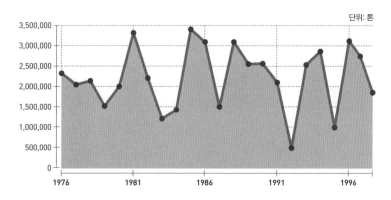

짐바브웨의 곡물생산량
1979년에서 1983년 사이 식량생산량이 이전에 비해 38%나 감소하였다.
출처: 식량농업기구

폭으로 줄어들게 될지 모른다는 불안과 공포가 확산되면서 식량을 사재기하는 사람들이 생겨났고, 사재기는 식량 가격을 치솟게 만듭니다. 안 그래도 일자리를 잃어 식량 살 돈을 벌지 못하고 있던 가난한 노동자들은 폭등한 식량가격을 감당할 수 없어 굶어 죽기에 이른 것이지요. 이때 100만 명이나 굶어 죽었습니다. 식량이 가장 풍부했던 시기에 대규모의 기근현상이 발생한 것입니다.

이와 반대로 심각한 식량생산량 감소에도 기근현상이 나타나지 않기도 합니다. 짐바브웨는 1981년에서 1983년 사이에 식량생산이 이전에 비해 38%나 감소했는데도 전혀 기근을 겪지 않았습니다.

이와 같이 기근은 식량생산량이 크게 감소하더라도 발생하지 않을 수도 있고, 반대로 식량이 넘쳐나는 때에 나타나기도 합니다. 절대 다수를 위협하고 있는 심각한 빈곤의 문제를 이제는 식량생산량의 증가로 해결할 수 있을 거라고 기대하기 어렵습니다. 그렇다면 빈곤은 어디에서 오는 것일까요? 어떻게 해야 빈곤을 해결할 수 있을까요?

빈곤은 어디에서 오는 것일까

흔히들 빈곤은 자연재해로 인해 어쩔 수 없이 발생하거나 자원 부족으로 인한 필연적인 결과라고 말합니다. 가끔 기아로 고통 받는 사람들의 모습이 TV에 등장할 때면, 왜 저들은 저토록 배고파 힘들어하면서도 일을 하지 않고 저렇게 누워만 있는지 의문을 품게 될 때가 있기도 합니다. 해마다 수천만 명이 기아 때문에 죽어가고 5초마다 10세 미만의 어린이 한 명이 기아로 목숨을 잃습니다. 왜 지구는 이토록 가난해졌을까요? 어쩔 수 없는 일일까요?

아일랜드에서 일어난 끔찍한 일

1845년에서 1852년까지 아일랜드 섬에서 끔찍한 일이 일어납니다. 이 기간 동안 약 125만 명의 사람들이 전염병과 굶주림으로 죽

아일랜드와 감자 마름병

영국 옆에 위치한 섬나라 아일랜드는 오랫동안 영국의 식민지배를 받았다. 영국의 식량 수탈 대상에서 제외된 감자를 주식으로 삼다가 감자 마름병으로 인해 대기근을 맞게 되었다.
© googlemaps, wikimedia

고 100만 명 이상의 사람들이 아일랜드를 떠나 해외로 이주했지요. 물론 아일랜드를 떠난 배 안에서 60% 이상의 사람들이 전염병으로 죽어 다시 땅을 밟아보지도 못했지만요. 캐나다 몬트리올에는 2만 5,000명이 함께 매장된 공동묘지가 있습니다. 대기근을 피해 캐나다로 이주하다 배 안에서 전염병으로 숨진 아일랜드인들의 집단 무덤이지요. 당시 아일랜드의 인구가 800만 명 정도였으니 전체 인구의 4분의 1이 순식간에 줄어들어버린 것입니다. 거리에는 시체가 널려 있었고, 살아 있는 사람들도 걸어다니는 시체처럼 보였습니다. 당시 영국의 한 언론인은 '이들의 모습은 인간의 살이 어떻게 뼈와 분리될 수 있는지를 적나라하게 보여준다'고 말했을 정도입니다. 이 것은 모두 무려 8년 동안이나 계속된 아일랜드의 대기근 현상의 결과였습니다.

　이 기근의 직접적인 원인으로 지목된 것은 아일랜드의 주식이었던 감자에 찾아온 '감자 마름병'이었습니다. 감자 마름병은 멀쩡한 감자를 하루아침에 썩어 들어가게 만드는 무서운 전염병으로 10℃ 이상의 기온과 75% 이상의 습도 아래에서 이틀이면 작물 전체를 죽게 만들었고, 땅속의 곰팡이를 통해서 순식간에 아일랜드 전역으로 퍼져나갔습니다. 그런데 이상한 일은 감자 마름병이 아일랜드뿐 아니라 유럽 전체를 휩쓸어 감자 농사를 황폐하게 만들었으나 아일랜드를 제외한 어느 곳에서도 이와 같이 끔찍한 기근현상은 발생하지 않았다는 것입니다. 어떻게 된 일일까요?

당시 아일랜드를 통치하고 있던 영국의 재무장관은 그 이유를 이와 같이 말했습니다. "서아일랜드의 농민 여성 중 감자를 삶는 것 외의 요리를 할 줄 아는 사람은 거의 없다." 감자요리만 찾는 아일랜드 사람들의 빈약한 식습관이 이 엄청난 비극을 가져왔다는 것이지요. 그러나 죽음의 땅 아일랜드를 떠나는 사람들이 타고 있던 배 안에는 또 다른 어떤 것들이 실려 있었습니다. 대기근에 시달리는 아일랜드에서 생산된 밀·귀리·소·돼지·버터가 배를 가득 채우고 있었지요. 아일랜드를 통치하던 영국인 지주들은 아일랜드 사람들을 소작인으로 부려 수확한 각종 곡식과 식량자원을 배에 싣고 영국으로 가져가 팔았습니다. 더 높은 수익을 거둘 수 있었기 때문이지요. 이것이 바로 시장의 논리입니다. 그래서 주식으로 재배되었던 감자만이 아일랜드에 조금 남아 있었는데 안타깝게도 이 작물에 무서운 병이 찾아온 것이었습니다.

당시 아일랜드를 통치하던 영국 정부는 이 문제를 해결하기 위한 어떤 정책도 펼치지 않았습니다. 실은 감자 마름병이 아니라 영국인 지주들의 착취 때문에 발생한 아일랜드의 심각한 대기근 현상

아일랜드 이민선
대기근이 휩쓸고 있는 아일랜드를 목숨을 걸고 떠나는 사람들. 출처: blog.naver.com/xiao2190

을, 하나님의 뜻이고 아일랜드를 더 풍요롭게 할 디딤돌이라며 외
면했고 나아가 '멍청하고 게으른' 아일랜드 사람들의 탓으로 돌렸
습니다. 게다가 1848년에는 곡물법*을 폐지시키고 밀 수입을 자유
화한 후 군대를 동원해 강제로 아일랜드에서 생산한 밀을 본국으로
보내기 시작했습니다. 당시의 모습에 대해 한 미국인은 다음과 같

* 곡물의 수출입을 규제하기 위하여 제정한 영국의 법률. 같은 이름의 법은 중세
  말부터 있었지만, 일반적으로는 1815년에 제정하여 1846년에 폐지한 영국곡물
  법을 말한다. 지주계급이 다수파를 이룬 영국의회는 그들이 누리던 이익을 보호
  하기 위해 곡물법을 마련하였는데, 소맥(小麥, 밀) 1쿼터(약 12.7kg) 당 가격이 80
  실링이 될 때까지는 외국산 소맥의 수입을 금지한다고 규정하는 내용이다. 『두
  산백과사전』 참조.

로완 길레스피, 「기근」
1847년 발생한 아일랜드 대기근의 희생자를 추모하기 위해 아일랜드 더블린에 기념상이 세워
졌다. 출처: wikimedia

이 묘사했습니다.

"이 나라에는 지금도 많은 수의 사람들이 굶어 죽어나가고 있다. 그러나 벨파스트 항에는 외국으로 가는 곡물이 더 많다. 얼마나 끔찍한 일인가! 미국에서 오는 옥수수를 실은 배 한 척이 구호선의 전부이다. 그 옆에는 영국으로 가는 수많은 곡물선이 있다."

스위스의 기대수명은 약 83세, 프랑스는 82세, 우리나라도 이와 비슷합니다. 그런데 에이즈와 기아가 극성을 부리는 아프리카 남부 스와질랜드 사람들의 기대 수명은 32세에 불과합니다. 해마다 수천만 명이 굶어 죽는, 숨 한 번 내쉴 때마다 세계 어딘가에서 어린이 한 명이 죽어가고 있는 우리 지구의 대기근이 어디에서 왔을까요? 자신의 땅에서 넘쳐나는 곡물 자원조차 자유롭게 배분할 권리가 없어 굶어 죽어갔던 120만 명의 아일랜드인. 우리는 역사가 기록하는 이 19세기 인류 최대의 재앙 앞에서 우리가 살고 있는 세계를 자세히 들여다보아야 합니다. 과연 '빈곤'이 우리가 어찌할 도리가 없는 필연적인 현상인지 다시 생각해보아야 합니다.

삶과 죽음을 가른 것은 무엇이었을까

"위 아 더 월드(We are the World)" 어디선가 한 번쯤은 들어보았을 법한 문구이지요? 이 문구는 1985년 세계적인 히트를 기록하며 700만 장 이상 팔렸던 "We Are the World"라는 앨범에 실린 동명의 타이틀곡 제목입니다. 올림픽이나 세계의 평화와 화합을 주제로 하는 대부분의 행사에서 어김없이 등장하곤 하지요. 마이클 잭슨을 비롯한 미국의 당대 최고 팝스타 45명이 무보수로 참여해 만든 앨범이기 때문에 더욱 유명합니다.

사실 이 노래는 1984년에 발생했던 에티오피아의 심각한 기근현상과 관련이 있습니다. 기아에 시달리며 죽어가는 에티오피아의 빈민들을 구호하고자 하는 취지로 만들어진 것이지요. 1983~1985년 3년간 아프리카 대륙에서는 계속된 가뭄으로 식량생산이 갑자기 줄어든 나라가 속출했습니다. 에티오피아에서도 100만 명이 굶어죽는 끔찍한 일이 벌어졌지요. 곡물 가격이 300%나 폭등했기 때문에, 가난한 사람들은 굶어 죽을 수밖에 없었습니다. 그런데 이런 현실과는 도무지 잘 들어맞지 않는 통계자료가 있습니다. 당시 에티오피아의 식량생산량이 역대 최고를 기록하고 있었다는 것이지요.

반면 같은 가뭄에 시달리던 보츠와나에서는 신기하게도 한 사람

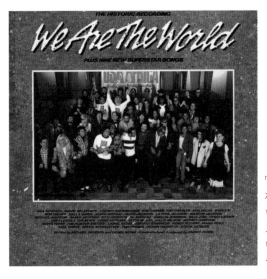

「we are the world」 앨범의
재킷 사진
미국의 유명 팝 가수들이 무
보수로 이 앨범에 참여하였
다. 왼쪽에서 세 번째가 마이
클 잭슨.

도 굶어 죽지 않았습니다. 보츠와나는 에티오피아와 달리, 당시 곡
물 생산량이 사상 최저치를 기록하고 있었는데도 말이지요. 어찌
된 일일까요?

당시 에티오피아에서 쿠데타로 정권을 잡은 맹기스투는 군사비
에 GDP의 46%를 쏟아부었고, 가뭄해결이나 빈민 구제에는 전혀
관심이 없었습니다. 보츠와나 정부는 달랐습니다. 보츠와나에서는
굶어 죽을 위기에 처한 빈민들에게는 직접 식량을 나누어 주었고,
대규모 일자리를 공급하여 시민들을 기근에서 구해냈습니다. 보츠
와나는 1966년에 영국으로부터 독립한 민주국가였고, 자원을 둘러
싼 끊임없는 내전으로 고통 받는 아프리카 대륙에서는 드물게 민주
적 자원 배분으로 내전이 발생하지 않는 나라이기도 합니다.

아마티아 센은 다음과 같이 이야기했습니다.

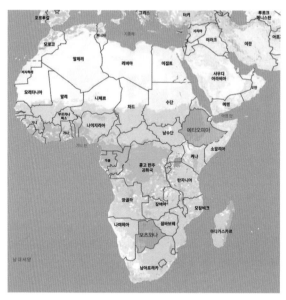

아프리카 대륙 지도
에티오피아와 보츠와나는 같은 상황에 처해 있었지만 기근에 대처하는 방식은 서로 너무나 달랐다.

"만약 보츠와나와 짐바브웨 정부가 적절한 조치를 취하지 못했다면 이들은 야당의 가혹한 비판과 압력, 언론의 집중포화를 감당하지 못했을 것이다. 이와는 달리 에티오피아와 수단 정부는 이런 걱정을 할 필요가 없었고 민주제도가 제공하는 정치적 인센티브가 전적으로 결여돼 있었다. 수단과 에티오피아 그리고 사하라 남부 아프리카 대부분의 나라에서 기근은 권위주의 정부의 지도자들이 향유하는 이러한 정치적 면죄부 때문에 방치된다."*

우리는 민주적인 정부와 자유로운 언론을 가진 어떤 독립국가에서도 기근이 발생한 적이 없음을 주목해야 합니다.

* * * * * *

* 아마티아 센, 『자유로서의 발전』, 갈라파고스, 2013, 267쪽.

민주주의의 빈곤을 돌아보자

지구상에는 이 땅에 살고 있는 모든 사람들을 먹여 살릴 만큼의 식량이 생산되고 있습니다. 그럼에도 세계 인구의 9분의 1이 기아에 시달리고 있는 것은 분명 이상한 일입니다. 앞에서 살펴본 바와 같이 빈곤은 어쩔 수 없이 발생하는 불가항력적인 일이 아니라, 소수의 사람들이 권력을 독점할 때 나머지 다수에게 발생하는 일입니다. 한 국가 내에서 소수의 권력자가 불공정하게 자원을 배분할 때 다수의 빈곤층을 만들어내고, 소수의 국가가 거대한 권력으로 세계의 자원을 불공정하게 배분할 때 다수의 개발도상국은 최빈국이 되는 것입니다.

아마티아 센은 기근은 여러 나라에서 수백만의 사람들을 죽이지만 지배자가 죽는 경우는 없다고 말했으며, UN에서 발표한 세계최빈국 통계는 빈곤이 특정지역에 집중되어 나타나고 있음을 분명하게 보여줍니다.

옥스팜의 2016년 보고서 「1%를 위한 경제」에 따르면 2010년 이후 세계 인구는 4억 명이 증가했음에도 불구하고 세계 인구 하위 50%가 가진 부는 41%가 감소했습니다. 2015년 하위 50%의 재산이 2010년의 그것에 비해 1조 달러가 줄어든 반면, 가장 부유한 62명의 재산은 5,000억 달러가 증가하여 1조 7,600억 달러가 되었지요. 단 62명의 재산이 약 36억 명의 재산과 맞먹는 것입니다. 2010

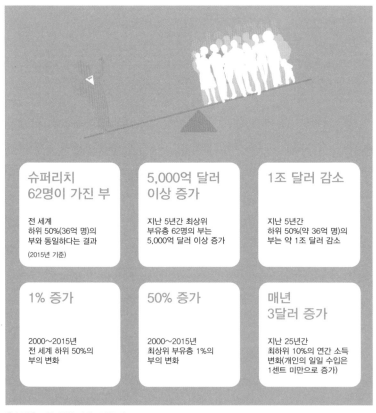

슈퍼리치 62명이 가진 부

전 세계
하위 50%(36억 명)의
부와 동일하다는 결과
(2015년 기준)

5,000억 달러 이상 증가

지난 5년간 최상위
부유층 62명의 부는
5,000억 달러 이상 증가

1조 달러 감소

지난 5년간
하위 50%(약 36억 명)의
부는 약 1조 달러 감소

1% 증가

2000~2015년
전 세계 하위 50%의
부의 변화

50% 증가

2000~2015년
최상위 부유층 1%의
부의 변화

매년 3달러 증가

지난 25년간
최하위 10%의 연간 소득
변화(개인의 일일 수입은
1센트 미만으로 증가)

옥스팜 「1%를 위한 경제」 요약 자료
전 세계 1%의 부유층이 나머지 인구의 부보다 더 많은 부를 소유하고 있다. ⓒ옥스팜

년, 최상위부자 388명의 재산과 하위 50%의 재산이 동등했었으니까 5년 사이 빈부격차가 여섯 배 이상 증가한 것입니다. 또한 2000~2015년 전 세계 하위 50%의 재산은 1%의 증가에 그친 반면, 최상위 1%의 재산은 50%가 증가했습니다.

2016년 다보스포럼에서 옥스팜 총재는 "한 버스 안에 다 태울 수 있을 만큼 적은 수의 사람들이 가난한 전 세계 인구의 절반보다 더 많은 부를 가지고 있다는 것은 지켜만 봐서는 안 되는 일이다"라고 말했습니다.

공정무역, 민주주의로 빈곤 극복하기

빈곤은 바로 이런 불공정한 자원 배분을 막아야 해결될 수 있습니다. 그렇다면 불공정한 자원 배분은 어떻게 방지할 수 있을까요? 그렇습니다. 다수의 평범한 시민들이 자원배분에 참여할 수 있어야 합니다. 이것을 우리는 민주주의라고 부릅니다.

이러한 민주주의를 경제의 영역으로 들여온 것이 바로 공정무역입니다. 생산자와 소비자가 평등한 만남을 통해 공정한 거래를 하는 것, 그렇게 부가 공정하게 분배되도록 하는 것이 공정무역의 핵심입니다.

제3장

바꾸어도(Trade)
바뀌지(Change) 않는
삶이 있다면

– 무역 이야기

"사다리를 타고 지붕에 오른 사람이
그 사다리를 걷어차버리는 것은
다른 이들이 그 뒤를 이어
지붕에 오를 수 없도록 방해하는 행위다."
– 프리드리히 리스트

무역이 왜 중요할까

미국의 사회학자 로버트 머튼은 『성경』의 「마태복음」*을 인용하여 '부익부 빈익빈' 현상을 마태효과(Matthew Effect)라 했어요. '부익부 빈익빈'이란 부자는 계속해서 부자가 되고 가난한 사람은 계속해서 가난해지는 현상을 말해요. 이러한 상황이 계속된다면 결국 가난한 사람들은 인간다운 삶을 살아가기 어렵게 됩니다.

국가 간에 이루어지는 거래인 무역에서도 이러한 마태효과가 나타날까요? 무역을 하면 모든 국가들은 더 부유해지고 사람들의 삶은 나아진다고 하는데, 오히려 더 가난해지는 국가 또는 더 가난해지는 사람들은 없을까요? 만약에 그런 국가나 사람들이 있다면 그 이유는 무엇일까요? 또 어떻게 하면 이러한 문제들을 해결해나갈

• • • • • •

* 「마태복음」, 13장 12절. "가진 사람은 더 받아서 차고 남을 것이며, 가지지 못한 사람은 가진 것마저 빼앗길 것이다."

수 있을까요?

> "우리는 아침에 일어나면 탁자에 앉아 남아메리카 사람들이 수확
> 한 커피를 마시거나 중국 사람들이 재배한 차, 또는 서아프리카 사람
> 들이 재배한 코코아를 마신다. 우리는 아침에 일어나 식사를 채 마치
> 기 전까지 이미 전 세계 절반 이상의 국가에 의존하고 있다."
>
> —마틴 루터 킹

　위의 이야기는 무역이 우리 생활에 얼마나 커다란 영향을 미치고
있는지를 분명히 드러내주고 있습니다. 무역이란 재화와 용역, 자
본, 기술 등의 국제적 거래를 말합니다. 좀 더 쉽게 말하면, 국가 간
에 상품과 서비스 등을 사고팔거나 교환하는 행위를 무역이라고 합
니다. 많은 사람들이 무역만큼 인류에게 커다란 영향을 미치고 사
람들의 생활을 변화시킨 것은 별로 없을 것이라고 말합니다. 사람
들의 생활은 새로운 것을 사용할 때 변화하게 됩니다. 예를 들어, 인
터넷·전자우편·이동전화를 사용하면서 사람들의 통신생활 모습이
이전과는 상당히 달라졌어요.

　그렇다면 사람들은 언제 새로운 것들을 사용하기 시작할까요? 새
로운 것을 만들어내거나(발명) 찾아내고(발견) 또는 외부 세계로부
터 새로운 것들이 전해질 때(전파)입니다. 지금 사용하고 있는 물건
이나 기술 중에는 우리가 만든 것도 있지만 외부에서 전해진 것들
도 많습니다. 새로운 것들은 어떻게 외부에서 우리 사회로 전해질

까요? 여러 가지 방법이 있겠지만 가장 대표적이고 빈번하게 이루어지는 방법이 바로 무역입니다. 이처럼 무역은 서로 필요한 물건이나 서비스, 기술 등을 주고받으면서 삶을 좀 더 풍요롭게 만들어 줄 수 있다는 점 외에도 우리들의 삶을 변화시키는 데에 커다란 영향을 미쳐왔다는 점에서 매우 중요한 활동이라고 할 수 있습니다.

역사 속의 무역은
어떤 모습이었을까

　　인류가 언제부터 무역을 시작했는지 정확하게 알 수는 없습니다. 하지만 오랜 옛날부터 무역이 이루어져온 흔적들이 곳곳에 남아 있어요. 예를 들어, 그리스 신화에 나오는 헤르메스(Hermes)는 마을 어귀에 쌓여 있는 돌무더기와 깊은 관련이 있는 '돌 더미에서 유래된 자'라는 뜻으로, 이 도시와 저 도시를 나누는 경계, 즉 국경의 신이기도 하면서 동시에 무역의 신이기도 합니다. 이는 서로 다른 두 집단이 만나던 곳에서 무역이 이루어졌음을 말해주고 있습니다. 또한 이 헤르메스가 로마 신화에는 메르쿠리우스(라틴어: Mercurius, 영어: Mercury)로 등장하는데, 그의 이름은 '장사하다'라는 뜻의 라틴어 'mercari' 또는 '장사꾼'을 의미하는 'mercator'에서 유래했다고 해요. 중동 지역에서는 기원전 3000년경 이미 다른 곳에서 이동해 온 상인 집단이 있었다는 것을 보여주는 유물이 발견되었습니다. 기원전 2000년경의 것으로 추정되는 쐐기문자가 새겨진 점토판이 발견

헤르메스 또는 메르쿠리우스
동일 신을 지칭하는 그리스 신화의 헤르메
스와 로마 신화의 메르쿠리우스의 이름에
담겨 있는 의미를 살펴보면, 상업 또는 무역
의 오래된 역사를 짐작할 수 있다.
ⓒ shutterstock

되기도 했는데 서로 다른 두 집단 사이에서 이루어진 교역 내용이
자세하게 기록되어 있다고 합니다.*

그 이후 초기에는 초원길, 비단길과 같은 육로를 통하여 그리고
이후 항해술이 발달하면서 여러 바닷길을 이용한 무역이 활발하게
이루어졌어요. 그런데 여기서 한 가지 생각해보아야 할 것은 고대
의 여러 사회에서 무역을 포함한 상거래 활동을 천시했다는 사실입
니다. 상거래 활동을 천시한 이유는 상행위가 사회적으로 가치 있
는 활동도 아니고 특별히 필요한 무엇인가를 생산하는 활동도 아

• • • • • •

* 필립 D. 커틴, 김병순 옮김, 『경제인류학으로 본 세계 무역의 역사』, 모티브북,
 2007, 16~19쪽.

네덜란드 상선을 공격하는 포르투갈 상선
무장한 유럽의 상선이 다른 상선을 약탈하는 모습을 묘사한 그림이다. 이처럼 원거리 무역에
서 상인집단 간의 약탈이 성행하던 당시의 상황은 군사력 강한 국가의 지원을 받는 상인세력
이 원거리 무역에서 우위를 점하는 결과를 가져왔다.

닌, 단지 상품을 교환하는 행위일 뿐이라고 생각했기 때문입니다.
따라서 상인들은 신을 모시는 성직자, 공동체를 다스리는 귀족이
나 정치가뿐만이 아니라 필요한 식량을 생산하는 농부보다도 천시
되었습니다. 상업에 대한 이러한 인식은 때때로 누군가가 상인들의
재산을 약탈하는 행위를 정당화하거나 묵인하는 결과를 가져왔습
니다. 그리고 이는 다시 약탈로부터 스스로 보호하기 위해 또는 다
른 상인 집단들을 약탈하기 위해 상인 집단들이 무장하게끔 만들었
습니다.*

수리남 커피 플랜테이션 농장의 흑인 노예들
수리남의 커피 플랜테이션 농장에서 흑인 노예들이 커피를 빻고 있는 모습이다. 당시 노예들
은 인간이 아니라 하나의 생산도구에 불과했다.

　실제로 교역을 통해 얻는 이익보다 약탈을 통해 얻는 이익이 더
큰 경우가 많아서 일부 무장한 상인 집단들은 교역보다는 다른 상
인 집단을 약탈하거나, 또 다른 상인들을 약탈로부터 보호해준다는
명목으로 보호비용을 징수하는 일에 더 열중했다고 합니다. 특히
약탈의 가능성이 상대적으로 높았던 원거리 교역, 즉 무역에서는
상인 집단들이 무장 세력화하는 경향이 더 강하게 나타났습니다.
이로 인해 무력이 강한 상인 집단 또는 군사력이 강한 국가의 지원
을 받는 상인 집단이 교역에서 유리한 위치를 차지하게 되었습니
다. 근대 이후 에스파냐, 포르투갈, 네덜란드, 영국, 프랑스 등의 유
럽 강대국들이 아시아, 아프리카, 아메리카의 여러 나라들과 무역을

●●●●●●
＊ 중세 유럽에서 형성된 도시들의 이름을 보면 '함부르크(Hamburg)' '룩셈부르크
　(Luxembourg)' '잘츠부르크(Salzburg)'와 같이 '~burg'라는 명칭을 갖고 있는 경
　우가 많다. 이들 도시는 주로 중세 상공업자들의 거주 지역이었는데, 이곳의 상
　공업자들은 약탈로부터 자신들을 보호하기 위해 주변에 성곽을 쌓아 올린다.
　'burg'는 바로 이러한 성곽을 의미한다. 이는 당시 상인집단에 대한 약탈이 빈번
　했음을 나타내준다.

하면서 강한 군사력을 배경으로 불평등한 거래 조건을 강요하는 일들은 이러한 역사적 배경을 갖고 있는 것입니다.

　고대부터 존재했던 노예무역 또한 이러한 무역의 약탈적 성격의 연속선상에 놓여 있다고 할 수 있습니다. 고대부터 노예를 상품처럼 거래하는 사람들이 있었지만, 제국주의가 본격화하는 시기에 노예무역은 크게 증가하게 됩니다. 아프리카, 아메리카, 아시아의 여러 지역에 진출한 유럽인들이 플랜테이션 농장을 만들고 이곳에서 일할 노예 노동자를 구하면서 노예무역이 호황을 누리게 된 것이지요.* 오늘날에도 이 지역 노동자들의 상당수가 열악한 노동환경과 저임금으로 고통을 받고 있는데 이는 과거 노예 노동자들이 받던 비인간적 대우로부터 시작된 것이라고 할 수 있습니다.

* 필립 D. 커틴, 김병순 옮김, 『경제인류학으로 본 세계 무역의 역사』, 모티브북, 2007, 75쪽.

무역의 이익은
어떻게 발생하는 것일까

　주변에 있는 물건들을 살펴보세요. 우리가 일상생활에서 사용하고 있는 물건들은 우리나라에서 생산된 것보다 세계 각지에서 생산되어 수입된 것들이 더 많습니다. 무역이 우리의 일상을 지배하는 중요한 요소가 된 지 오래고, 세계화는 이를 더욱 심화시키고 있습니다. 그렇다면 왜 무역을 하는 것일까요? 우리에게 이익을 준다고 생각하기 때문입니다. 무역이 어떻게 이익이 될 수 있는 것인지 살펴볼까요?

　경제학자들은 국가 간에 생산비의 차이가 존재하기 때문에 무역의 이익이 발생하게 된다고 설명하고 있어요. 무역의 이익에 대한 이와 같은 논리는 애덤 스미스(Adam Smith)의 '절대우위론'과 이에 영향을 받은 데이비드 리카도(David Ricardo)의 '비교우위론'을 거쳐 완성되었는데, 이들의 이야기를 잠깐 들어보도록 하겠습니다.

집안 살림을 해본 사람이라면 누구나 아는 진리가 있다. 밖에서 더 싸게 살 수 있는 물건은 절대로 집에서 만들지 말라는 것이다. 양복점 주인은 자기 신발을 만들지 않고 신발가게에서 산다. 신발가게 주인은 자기 옷을 만들어 입는 것이 아니라 양복점에서 맞춘다. 농부는 그나마 옷이나 신발 어느 것도 만들지 않고, 이 물건들을 만드는 사람들을 이용한다. 사람들은 자기가 이웃에 비해 우위에 있는 생산 활동에 전념해서 자기가 생산한 물건의 일부에 해당하는 가격을 지불하고 자기들이 필요한 물건을 구입하는 것이 더 이익이라는 사실을 알고 있다.

— 애덤 스미스

다른 생산자에 비하여 같은 물품을 더 적은 양의 생산요소를 투입하여, 즉 더 적은 생산비용으로 생산할 수 있을 때 절대우위가 있다고 합니다. 애덤 스미스는 각국이 절대우위에 있는 물품만을 생산하여 서로 교역하면 두 나라 모두 이익을 볼 수 있다고 주장했어요. 이를 절대우위론이라고 하지요. 각 나라가 필요한 모든 물품을 독자적으로 생산할 때보다 교역을 통해 얻을 때 더 적은 비용이 들기 때문에 무역이 이익이 될 수 있다는 것입니다. 세계경제 전체적으로 봐도 '적은 비용으로 동일한 양의 제품을 생산하거나 또는 동일한 비용으로 더 많이 생산할 수 있기' 때문에 효율성이 증진된다는 것입니다.

그런데 절대우위론은 다음과 같은 한계가 있습니다. 즉 한 나라가 다른 나라보다 모든 상품에서 절대우위를 갖고 있는 경우에는 무역에 따른 이익을 설명하기 어렵다는 것입니다. 그리고 현실 경제에서 이런 경우가 많아요. 예를 들어, 풍부한 자본과 발전된 기술력을 가진 미국은 우리나라보다 공산품을 더 싸게 생산할 수 있을 뿐만 아니라 농경지의 면적도 훨씬 넓어서 대량 생산을 통해 농산품도 더 싸게 생산할 수 있습니다. 미국이 공산품과 농산품 모두에 절대우위를 가지고 있는 것입니다.

그렇다면 미국과 우리나라 간에는 무역이 발생하지 않을까요? 미국과 우리나라가 서로에게 주요 무역 상대국이라는 것은 이미 잘 알려져 있습니다. 절대우위론의 이러한 한계를 보완한 이론이 바로 데이비드 리카도의 비교우위론이고 오늘날 자유무역의 필요성과 이익을 설명하는 대부분의 이론은 이 비교우위론에 바탕을 두고 있습니다. 비교우위란 한 나라가 다른 나라보다 더 적은 '기회비용'*으로 생산할 수 있는 능력을 말하는데, 리카도는 다음과 같이 주장했습니다.

포르투갈은 포도주와 옷감을 모두 영국보다 적은 비용으로 생산할 수 있다. 영국은 음울한 날씨 때문에 포도주 생산에는 막대한 비용이 들지만 옷감 생산은 그보다 적은 비용이 든다. 절대우위만을 고려한다면 영국은 옷감과 포도주 생산이 모두 불리한 입장이다. 그렇다

* 기회비용이란 어떤 것을 생산하기 위해 포기하는 것의 가치를 말한다. 리카도가 예로 든 '영국'과 '포르투갈'의 사례에서 보면, 포도주를 생산하기 위해 포기해야 하는 옷감의 가치가 포도주 생산의 기회비용이고, 거꾸로 옷감을 생산하기 위해 포기해야 하는 포도주의 가치가 옷감 생산의 기회비용이다.

고 영국은 아무것도 생산하지 말아야 하나? 그렇지 않다, 생산에 관련된 생산비용을 고려하면 무역으로 상호 이익을 얻을 수 있다. 무역으로 양국의 생산성이 높아지고 요소투입량이 증대된다. 무역에서 중요한 것은 절대적인 우위가 아니라 상대적인 우위이다. 비교우위 법칙은 어떤 상황에서도 국가 간의 무역에는 장점이 있다는 것을 보여준다.

— 데이비드 리카도

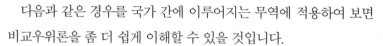

다음과 같은 경우를 국가 간에 이루어지는 무역에 적용하여 보면 비교우위론을 좀 더 쉽게 이해할 수 있을 것입니다.

유능한 보일러 수리공이었던 A씨는 신인 가수를 발굴하는 TV 오디션 프로그램에서 우승했습니다. 그 후 A씨는 뛰어난 가창력을 바탕으로 인기 가수가 되었고, 방송 출연과 음반 판매 등을 통해 높은 소득을 올리고 있습니다. A씨는 연습실을 갖춘 녹음실을 구입했는데, 새로운 앨범을 준비하던 지난 겨울 녹음실의 보일러가 고장 나고 말았습니다. A씨는 스스로 보일러를 고칠 수 있었음에도 불구하고 다른 보일러 수리업자인 B씨에게 맡겼습니다. 사실 유능한 보일러 수리공이었던 A씨가 직접 수리했다면 더 저렴한 비용으로 수리를 할 수 있을 것입니다. 그럼에도 불구하고 B씨에게 보일러 수리를 맡긴 이유는 무엇일까요? 보일러를 수리하는 시간에 새로운 앨범 발매를 위한 준비를 더 하면 그만큼 더 좋은 앨범을 만들 수 있고, 보일러 수리를 위하여 B씨에게 지불한 비용보다 더 많은 소득을 올릴 수 있기 때문입니다.

국가 간의 교역에도 이러한 원리가 적용된다고 보는 것이 비교우위론입니다. A국이 B국보다 모든 물품의 생산에 절대우위가 있다고 할지라도 그중 비교생산비(기회비용)가 더 낮은 물품(비교우위가 있는 제품)만을 생산하는 것이 이득이 된다는 것입니다.

애덤 스미스와 데이비드 리카도의 주장을 정리해보면, 각 국가의 경제적 조건에 따라 같은 재화라도 생산비용의 차이가 발생하게 되고, 이때 각국이 국제적 분업과 교역을 전제로 생산비가 적게 드는 재화만을 생산하여 서로 교환하면 거래에 참여한 국가 모두에 이익이 된다는 것입니다. 간단하게 말하면 각자 잘할 수 있는 것에 집중하게 되므로 더 효율적이라는 것입니다.

무역의 이익을 주장하는 사람들은 자유무역을 통해 인류는 더 부유해지고 삶의 질이 나아질 수 있다고 합니다. 자유무역이란 국가가 개입하여 무역을 통제하지 않고 자유롭게 방임하는 것을 말합니다. 이와 같은 자유무역의 확대는 국제 분업 체제를 형성하여 경제적 효율성을 증진시킬 수 있다고 생각합니다. 분업과 교환이 효율적이라는 이들의 논리는 애덤 스미스의 이야기를 잘 살펴보면 쉽게 이해할 수 있습니다. 또한 소비자 입장에서는 상품 선택의 폭이 넓어져 더 이익이 된다는 것입니다.

다시 한 번 여러분 주위에 있는 물건들을 살펴보세요. 그리고 친구들의 것과 비교해보세요. 여러 나라에서 만들어진 다양한 물건들을 사용하고 있을 것입니다. 게다가 자유무역은 가난한 나라에 더 많은 일자리와 수익을 제공하여 스스로 빈곤에서 벗어날 수 있는 기회를 준다고 주장합니다. 가난한 나라에서는 물건을 만들어도 그것을 사서 쓸 만큼 여유 있는 사람들이 많지 않아 생산을 확대하고 일자리를 늘리기가 어려운데, 무역을 통해 부자 나라를 포함한 다른 나라 사람들에게 팔 수 있다면 이러한 한계를 극복할 수 있다는 것입니다. 그런데 현실에서도 현재의 자유무역이 정말 모두에게 이익이 될까요?

무역의 이익,
진실일까, 신화일까

　과연 현실 경제에서도 자유무역이 모두에게 이익을 주는 이상적인 경제활동일까요? 아니면 이러한 주장은 마치 신화처럼 경이로운 환상을 심어주기 위해 꾸며진 것에 불과할까요? 이에 대하여 자유무역을 반대하는 사람들은 비교우위론 자체에 몇 가지 결점이 있다고 문제를 제기합니다.

　A국과 B국 사이에 의류와 컴퓨터의 무역이 발생했다고 가정해보겠습니다. A국은 비교우위가 있는 컴퓨터를 생산하여 B국에 수출하게 되었습니다. 이는 A국의 컴퓨터 생산비용이 의류 생산비용보다 상대적으로 싸다는 것을 의미해요. 그런데 컴퓨터를 수출하게 됨에 따라 A국은 컴퓨터의 생산량을 늘려야 합니다. 그리고 이 과정에서 컴퓨터 생산에 필요한 노동의 수요도 증가하게 됩니다. 비교우위론자들은 의류 생산에 투입되었던 노동자들이 자연스럽게 컴퓨터 생산에 투입될 것으로 가정했어요.

하지만 현실에서는 이와 같은 노동력의 자유로운 이동에 많은 제약이 있습니다. 무엇보다도 의류 생산에 종사했던 노동자들이 컴퓨터 생산에 종사하려면 새로운 기술 습득을 위해 상당한 훈련기간이 필요합니다. 또한 생산 활동이 이루어지는 지역도 노동력의 이동에 장애가 됩니다. 의류를 생산하는 공장과 컴퓨터공장이 상당히 멀리 떨어져 있는 경우 노동자들이 쉽게 이동하지 못할 수 있습니다. 아니면 의류 생산 시설을 컴퓨터 생산 시설로 바꾸어야 하는데 이 또한 단기간에 쉽게 이루어지기 어렵습니다. 그 과정에서 컴퓨터 생산기술을 보유하고 있는 노동자들의 임금은 상승하게 됩니다. 그렇게 되면 컴퓨터의 생산비가 증가하고 컴퓨터 생산에 가지고 있던 A국의 비교우위는 사라질 수 있습니다.

실제로 우리나라도 한때 저렴한 제품 가격으로 무역시장에서 컴퓨터 생산에 비교우위를 가지고 있었으나 지금은 임금 등 생산비용이 상승하여 예전처럼 값싸게 생산하기 어려워졌고, 더 저렴한 비용으로 유사한 제품을 생산해 내는 중국에 비교우위를 내주고 있는 실정입니다. 한편 의류 생산에 종사했던 노동자들의 일부는 결국 일자리를 잃고 빈곤층으로 전락하게 됩니다. 자유무역이 소득 불평등을 심화시키는 결과를 가져오는 것입니다.

오늘날에는 이와는 다른 이유로 비교우위 제품의 불확실성이 커지고 있습니다. 자유무역 옹호론자들은 무역 활동의 전제 조건으로 경제적 개방을 강하게 주장합니다. 경제적 개방이 확대되면 자본, 노동, 기술 등 생산요소의 국가 간 이동도 확대됩니다. A국은 의류 제품의 생산비가 높아 컴퓨터 생산에 비해 비교열위에 있었다고 가정해봅시다. 그런데 A국의 의류 생산 기업들이 외국인 노동력을 이용하거나 외국 자본을 유치하여 생산비 절감을 이루어낸 것입니다. 이렇게 되면 무역 상대국인 B국 기업이 A국 기업보다 더 싼 가격으로 의류를 생산하여 수출하기 어려워집니다.

재생 불가능한 천연자원에 비교우위가 있어서 그 제품을 수출하는 경우는 이보다 더 심각해질 수 있습니다. 재생 불가능하다는 것은 고갈되는 것을 의미합니다. 단기적으로 보면 천연자원의 수출을 통해 GDP가 상승하고 국민들의 생활수준이 향상될 수 있을 것입니다. 하지만 장기적으로 보았을 때 결국 천연자원이 고갈되고 나면 그 나라는 경제성장의 동력을 잃어버리게 됩니다. 더욱이 비교우위론의 주장처럼 천연자원을 생산하고 수출하는 데에만 특화했다면 그 나라는 경제성장이 아니라 국민들의 생존 자체가 위협받는 상황이 될 수도 있는 것입니다. 실제 사례를 하나 소개하겠습니다.

하와이와 호주의 중간에 있는 태평양의 소국 나우루는 100년 전만 해도 수백만 년 동안 쌓이고 쌓인 두터운 구아노 층을 가지고 있었습니다. 구아노는 인산비료를 제조하는데 꼭 필요한 물질입니다. 1908년에서 2002년까지 구아노는 활발하게 채굴되었고 대략 1억t까지 수출되었습니다. 1960년대 말부터 1970년대 초까지는 구아노 수출 덕에 세계 최고 수준의 1인당 GDP를 자랑할 수 있었습니다. 그 과정에서 나우루의 영토 5분의 4는 사람들이 살 수 없는 황무지로 변했고, 구아노 매장량이 고갈되면서 경제가 붕괴되었습니다. 나우루의 실업률은 90%에 육박했고 외국의 원조가 없으면 금방 멸망할 수밖에 없는 처지에 몰렸습니다.*

위의 사례처럼 지속가능한 자유무역이 불가능할 수도 있고, 자유무역이 단기적인 이익을 가져다줄 수도 있지만, 장기적으로는 재앙이 될 수도 있는 것입니다.

자유무역의 탄생 및 전개과정을 살펴보아도 '자유무역은 신화에 불과하다'는 주장은 설득력을 갖습니다. 자유무역은 국가에 의해 통제되지 않는, 자유로운 경쟁을 의미합니다. '자유무역' 이론은 심각한 수익감소 위기를 타파해야만 했던 세계 최대의 산업국이자 식민제국이었던 영국에서 탄생합니다. 당시 영국은 '자유무역'을 옹호하는 데이비드 리카도의 자문을 받아 그때까지 자국의 곡물산업을 보호하던 곡물법을 폐지시켰습니다. 토지의 곡물 수확량이 줄어들자 영국 정부는 밀 생산을 중단하고 저렴한 원자재를 수입함으로써 이익을 회복하려고 했던 것입니다.

1980년대 미국에서 자유무역이 전면에 다시 등장한 것도 같은 맥락에서였습니다. 19세기의 영국이나 20세기의 미국 모두 당시에는 다른 국가들보다 앞선 경쟁력으로 세계경제를 주도하는 국가들이었습니다. 그런데 자국의 경제성장이 한계에 부딪히자 그 해결책으로 '자유무역'이라는 카드를 뽑았던 것입니다. 앞에서 말했듯이 자유무역의 핵심 가치는 국가의 '무개입주의'임에도 불구하고, 이들은 자국의 산업 보호와 경제성장을 위하여 국가가 주도하는 강력한 무역 정책을 추진합니다. 모순되게도 무역 상대국에 대해서는 국가가 개입하지 못하도록 압력을 행사하면서 말이지요.

• • • • • • •

* 이안 플레처, 한상연 옮김, 『왜 고장난 자유무역을 고집하는가?』, 초록물고기, 2013, 199쪽.

무역 개방과 빠른 성장으로 '자유무역'의 본보기로 소개되는 우리나라나 중국의 경우도 사실은 국가가 자유 경쟁을 보장한 것이 아니라 적극적으로 개입하여 무역 활동을 통제함으로써 성공할 수 있었습니다.* 자유무역주의자들의 주장과 다르게 국가가 적극적으로 개입하여 얻은 무역 이익을 바탕으로 경제성장을 이룬 사례는 찾을 수 있지만 그 반대의 경우는 찾기 힘듭니다. 오히려 자유무역이라는 강대국들의 압박 속에 경제적 자립을 위협받는 위기의 국가들은 쉽게 찾을 수가 있지요.

* 르몽드 디플로마티크 엮음, 권지현 옮김, 『르몽드 세계사』, 휴머니스트, 2008, 112~113쪽.

무역은 모두에게 공정할까

　무역을 하면 참가한 모든 국가들이 이익을 얻을 수 있다는 주장은 어찌 보면 당연한 듯합니다. 만약 손해가 된다면 무역에 참가하려는 나라가 있을까요? 아래와 같은 결론을 내려봅시다.

　"무역은 거래에 참가한 모든 국가에게 이익을 보장한다. 그렇기 때문에 모든 국가는 자발적으로 무역에 참여한다. 이런 면에서 볼 때 무역은 공정하다."

　이제 위의 결론에 대하여 조금의 의심을 가지고 되물어보기로 해요. 첫째, 무역은 정말 모든 국가에게 이익을 보장할까요? 그렇다면 자유무역이 확대됨에 따라 더욱 커져가는 국가 간의 빈부격차는 어떻게 설명해야 할까요?

　세계무역기구(WTO)의 자료를 보면 지난 1955년 약 2,000달러

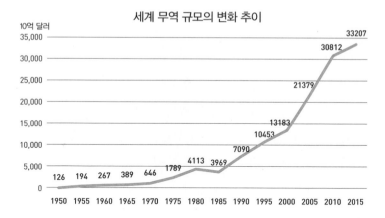

세계 무역 규모의 변화 추이

10억 달러

출처: WTO

에 불과했던 전 세계 무역규모는 2015년에는 33조 이상으로 크게 증가했습니다. 무려 150배 이상이 증가한 것입니다. 이에 맞추어 전 세계 GDP(국내총생산)도 빠르게 했습니다. 자유무역의 이익을 주장한 사람들의 말처럼 무역의 증가가 전체적인 부의 증가로 이어졌습니다. 하지만 문제는 국가 간의 경제격차가 심해졌다는 것입니다. 오늘날 G20*에 속하는 국가들, 즉 기존의 선진국과 신흥공업국들의 국내총생산(GDP) 규모가 전 세계 85%를 차지하고 있다고 합니다. 이는 무역 상품의 유형 및 가격 변화와 깊은 관련이 있습니다. 국가 간의 무역에서 공산품의 비중은 점차 증가하고 있는데, 석

* G20국가에는 미국·영국·프랑스·독일·캐나다·이탈리아·일본 등 기존 산업 선진국 7개와, 한국·중국·인도·인도네시아·아르헨티나·브라질·멕시코·러시아·터키·호주·남아프리카공화국·사우디아라비아 등 신흥국 12개와, 유럽연합(EU)의 의장국 등이 포함된다.

유를 제외한 1차 상품이 차지하고 있는 비중은 점차 감소하고 있습니다. 1970년에는 1차 상품이 전체 교역량의 36%였는데, 1990년대 말에는 그 비중이 20%대로 감소했습니다.* 그렇다면 공산품과 1차 상품은 각각 어느 나라에서 팔고 있을까요? 부유한 나라의 대기업들이 공산품 생산 및 수출에서 큰 비중을 차지하고 있습니다. 반면 가난한 나라들은 공산품을 만들기 위한 재료인 1차 상품을 수출하는 경우가 많습니다. 커피와 초콜릿의 원료인 커피 콩과 카카오 열매를 재배하여 판매하는 것은 가난한 나라의 농부이고, 이를 가지고 인스턴트커피·초콜릿을 만들어 판매하는 것은 부자 나라의 기업입니다. 더욱이 부자 나라의 기업은 더 큰 이윤을 얻기 위해서 1차 재료의 가격을 낮추라고 가난한 나라의 농부들을 압박하고 있습니다. 실제로 1997년 이후 커피 가격은 70%나 떨어졌다고 합니다.** 결과는 어떻게 되었을까요? 공산품을 수출하는 산업선진국이나 신흥공업국과 주로 1차 상품을 수출하는 가난한 농업국 사이의 격차가 점점 더 커지게 되었습니다. 약 300년 전에는 나라들 사이에 소득 격차가 거의 없었는데, 21세기가 시작되면서 그 격차가 100대 1로 늘어났다고 합니다.*** 실제로 무역을 통해 어느 나라는 다른 나라보다 더 많은 이익을 보는 것이 분명합니다. 그리고 더 많은 이익을 보는 나라들은 대부분 더 잘살고 더 강한 나라들입니다.

● ● ● ● ● ●

  * 장 피에르 폴레, 김종명 옮김, 『청소년이 알아야 할 세계화』, 동문선, 2006, 62쪽.
 ** 영국코옵대학, 김수진 옮김, 『학교에서 배우는 공정무역』, 사단법인 한국공정무역협회, 2012, 57쪽.
*** 마일즈 리트비노프·존 메딜레이, 김병순 옮김, 『인간의 얼굴을 한 시장경제, 공정무역』, 모티브북, 2007, 18쪽.

세계 부의 지도

각국의 GDP를 반영하여 새롭게 그린 '세계 부의 지도'이다. 미국, 유럽의 여러 나라, 일본, 한국, 중국 등 산업선진국과 일부 신흥공업국은 크게 표시되는 반면 아프리카, 동남아시아, 남아메리카의 여러 나라들은 매우 작게 표시되어 있다. 이는 세계적 차원의 부의 불평등을 잘 보여주고 있다. 출처: World Economic Forum(WEF).

둘째, 상대적으로 불리한 나라도 어쨌든 무역을 통해 이익을 얻는다면 무역이 무조건 공정하다고 할 수 있을까요? 몇 년 전 한미 자유무역협정(FTA)을 둘러싼 심각한 국내 갈등이 일어났습니다. 그 갈등은 아직도 지속되고 있습니다. 일부는 한미 자유무역협정의 체결과 조속한 시행을 주장했지만, 또 다른 이들은 한미 자유무역협정에 반대하고 적극적으로 저항했습니다. 이는 비록 무역이 국가 전체적으로 보았을 때 이익이 된다고 할지라도 국가 내 모든 국민들에게 그 이익이 골고루 분배되지는 않음을 의미합니다. 즉 무역을 통해 누군가는 이익을 보지만 다른 누군가는 손해를 볼 수도 있다는 것입니다.

다음 장에 제시된 표 〈산업별 수출입 현황〉을 보면, 우리나라 무역은 전체적으로는 흑자를 기록하고 있습니다. 하지만 산업별로 보면 공산품 특히 중화학 공업 제품은 큰 흑자를 보았으나, 오히려 1차

산업별 수출입 현황

(단위: 100만 달러, 2014년 7월 기준)

구분		수출액	수입액
1차 생산품		1,021,285	14,963,859
공산품	경공업제품	3,372,663	2,874,930
	중화학제품	43,904,204	28,060,405
총계		48,298,153	45,899,194

출처: 한국무역협회

산업 분야는 커다란 적자를 보았음을 알 수 있습니다. 이처럼 같은 국가에 살고 있는 사람들 중에도 누군가는 무역을 통해 이익을 얻지만 누군가는 그렇지 않다는 것을 확인할 수 있습니다. 과연 이러한 경우 무역이 공정하다고 할 수 있을까요?

자유무역으로 대표되는 세계화 이후 많은 나라들에서 국민들의 소득격차가 더욱 커지고 있습니다. 자유무역으로 다른 나라의 값싼 제품들이 밀려들면서 어떤 산업 분야는 경쟁력을 잃게 되고, 그로 인해 생산이 위축되면서 일자리가 줄어들어 실업자가 많아졌습니다. 어떤 경우에는 기업이 자국보다 임금이 싼 외국으로 생산 시설을 옮겨 가면서 많은 실업자를 만들어내기도 합니다. 이러한 상황은 비숙련공이나 단순 노동자들에게 더욱 심각하여 이들이 일자리를 잃고 빈곤층으로 전락하는 경우가 많습니다. 실제로, 미국 노동부 추정에 따르면 캐나다, 멕시코와 함께 북미 자유무역협정 (NAFTA) 체결을 주도한 미국에서조차 1994년 북미 자유무역협정이 발효된 이후 2002년까지 이 협정으로 인해 주로 대학교육을 받지 못한 제조업 노동자를 중심으로 52만 5,000개의 일자리가 없어졌다고 합니다.* 이렇듯 자유무역의 확대는 물론 소비자들의 입장에서는 값싸게 제품을 구입하여 사용할 수 있어서 좋겠지만, 근로자의 입장에서 보면 그들 중 누구라도 빈곤층으로 전락할 위험성이 이전보다 높아지는 것입니다.

우리나라에서는 세계 각국과 '자유무역협정(FTA)'이 진행되면서 '무역이익공유제'가 사회적 쟁점이 되기도 했습니다. 이는 자유무역협정으로 수혜를 보는 산업의 순이익 중 일부를 피해산업에 지원하자는 것으로 세계 각국과의 자유무역협정으로 피해가 우려되는 농·어업계가 중심이 되어 제기하고 있습니다. 이처럼 무역을 통해 모두가 이익을 보는 것은 아닙니다.

셋째, 모든 국가들은 정말 자발적으로 무역에 참여하고 있을까요? 그렇다면 관세 부과, 정부보조금 지급, 덤핑 거래, 수입제한 등을 둘러싼 무역 갈등은 왜 끊이지 않고 발생하는 것일까요? 실제로 자유무역이 확대될수록 무역 분쟁이 증가하고 있습니다.

오늘날 국가 간의 무역에 있어서 가장 강력한 영향을 행사하고 있는 국제기구는 '세계무역기구(WTO)'입니다. '세계무역기구'는 무역의 장벽을 없애고 자유무역 확대를 목표로 하여 설립되었습니다. 1947~1994년 '세계무역기구'의 전신인 '관세 및 무역에 관한 일반협정(GATT)' 체제 47년 동안 공식적으로 발생한 국제무역 분쟁의 수는 약 300건으로, 연평균 6건에 불과했습니다. 하지만 1995년 '세계무역기구(WTO) 체제'가 출범한 뒤 15년 만에 총 400건, 연

• • • • • •
* 이안 플레처, 한상연 옮김, 『왜 고장난 자유무역을 고집하는가?』, 초록물고기, 2013, 289쪽.

평균 약 27건의 국제무역 분쟁이 발생했습니다. 국가별로는 미국이 제소 93건, 피소 107건으로 분쟁조정 절차 활용 빈도가 가장 높았고, 유럽연합(EU)는 제소 81건, 피소 66건으로 두 번째로 많았다고 합니다.*

세계무역기구의 로고
관세 및 무역에 관한 일반협정(GATT)의 한계를 보완하여 자유무역을 확대하기 위하여 출범한 세계무역기구(WTO)는 오늘날 국제 사회에서 가장 큰 영향력을 발휘하는 국제기구 중의 하나다.
ⓒWTO

이러한 사실들은 무엇을 말해주는 걸까요? 각 국가들은 겉으로는 평등한 조건에서의 자유무역을 외치지만 실제로는 자기 나라의 이익을 최우선시 한다는 것입니다. 그래서 무역을 위한 협상을 하고 관련 규정이나 제도를 정비할 때 자기 나라의 이익을 최대한 반영하려고 서로에게 압박을 가하는 것입니다. 그렇다면 이 과정에서 어떤 나라들이 더 큰 영향력을 행사할까요? 미국과 EU처럼 잘살고 강한 나라일 것입니다.

실제로 미국과 EU가 무역 분쟁으로 제소도 많이 하고, 피소도 많이 당했다는 것은 그들 나라들이 자신들의 이익에 따라 일관되지 않은 무역 정책을 실시하고 있다는 것을 말해주고 있습니다.

예를 들어, 부유한 나라에서는 농부들에게 '농업 보조금'을 지급하여 싼 가격에 대량으로 농산물을 생산하여 다른 나라에 수출할 수 있도록 지원하고 있습니다. 만약 자국 농민들에게 농업 보조금을 지급할 능력이 없는 가난한 나라가 이를 대신하여 자국 농민을

* 연합뉴스, 2009. 11. 07.

보호하기 위해서 수입 농산물에 관세*를 부과하려고 하면 부유한 나라들은 자유무역에 어긋나는 행위라며 제재를 요구할 것입니다. 반대로 가난한 나라의 기업들이 값싼 노동력 등을 이용해 싼 가격에 상품을 만들어 수출하려고 하면 부유한 나라에서는 이는 '덤핑'** 에 해당하며 불공정한 거래라고 제재를 요구할 것입니다.

그렇다면 가난한 나라들은 왜 자기들에게 불리함에도 자유무역을 위한 협정에 합의를 할까요? 가난한 나라들은 스스로 빈곤에서 벗어날 수 있는 능력이 부족한 나라들이 많습니다. 그래서 부유한 나라로부터 자본이나 기술 등을 지원받기도 합니다. 이때 부유한 나라들은 필요한 지원의 전제 조건으로 자유무역을 받아들이도록 강요하는 것입니다. 모든 국가들이 자발적으로 자유무역에 참여하기를 원하는 것이 아님을 알 수 있습니다.

* 국경을 통과하여 들어오는 상품에 부과하는 세금을 말한다. 수입품에 관세를 부과하면 그만큼 상품 가격이 상승하는 효과가 나타나 수입품에 대한 수요가 감소하게 된다.
** 덤핑이란 무역 상대국 시장을 확보하기 위하여 상품을 매우 낮은 가격으로 수출하는 행위를 말한다.

어떻게 하면 공정한 무역을
실현할 수 있을까

이론적으로 무역은 모든 나라에게 이익을 보장하는 효율적 경제 활동입니다. 하지만 현실에서는 무역이 국내외적으로 계층 간·산업 간·국가 간 불평등, 저임금 구조, 국가 간 경제 종속 등 불공정한 경제·사회적 관계를 심화시킬 수도 있습니다. 물론 그렇다고 무역을 거부하고 자급자족 체제를 유지할 수는 없습니다. 이미 세계는 하나의 시장으로 통합되면서 점점 더 가까워지고 있고 상호 의존성도 커지고 있기 때문입니다. 세계화된 사회에서 벗어나 고립되어서 살아갈 수는 없는 것이지요. 그리고 무엇보다 무역이 좀 더 공정해진다면 그를 통해 경제적 이익을 증대시키고 삶의 질을 높일 수 있으며, 가난한 국가들과 그 국민들은 빈곤에서 벗어날 수 있는 기회를 가질 수 있는 것도 사실이기 때문입니다. 따라서 우리가 고민하고 실천해야 할 일은 '어떻게 하면 공정한 무역을 실현할 수 있을까' 하는 것입니다.

공정무역에 대한 힌트를 얻기 위하여 존 롤스의 정의론을 간단하게 살펴볼까요? 롤스는 정의로운 사회를 이루기 위한 기본 원칙을 다음과 같이 제시했습니다.*

'첫째(자유의 원칙), 모든 사람은 다른 사람의 자유를 침해하지 않는 범위 내에서 폭넓은 기본적 자유에 대한 동등한 권리를 가져야 한다.' 즉 각 개인은 정치적 자유, 언론과 집회의 자유, 양심과 사상의 자유, 신체적 자유 등 시민으로서 동등한 기본적 자유를 누려야 한다는 것입니다. 이는 누구든지 자신의 권리와 이익, 신념을 정당하게 주장할 수 있어야 함을 의미합니다.

'둘째(공정한 기회의 원칙), 사회적·경제적 불평등은 누구나 더 많이 분배받을 수 있는 위치에 설수 있는 공정한 기회가 보장된 경우에만 인정된다.' 즉 누구나 더 많이 분배받기 위하여 자신의 능력을 발휘할 수 있는 기회는 물론 그러한 능력을 획득할 수 있는 기회를 가질 수 있어야 합니다.

'셋째(차등의 원칙), 사회적·경제적 불평등은 모든 사람에게 이익을 보장하는 경우에만 인정되며, 그 경우에도 가장 불리한 여건에 있는 사람들에게 최대의 이익을 줄 수 있도록 조정되어야 한다.' 이와 관련하여 영국 런던대학의 철학교수 조너선 울프는 세 번째 원칙을 다음과 같이 해석했습니다.

"한 사회에서 가장 못사는 이들이 다른 제도하에 있을 때보다 잘 살아야 그 사회는 정의롭다는 것이다."**

• • • • • •

*존 롤스, 황경식 옮김, 『사회정의론』, 서광사, 1990, 81~86쪽.

롤스의 정의론을 적용하여 공정한 무역의 원칙을 생각해볼 수 있습니다. 첫째(자유의 원칙), 무역과 관련하여 국가 또는 개인이 자신들의 권리를 주장할 수 있는 자유가 그 국가가 강대국이든 약소국이든 또는 그 개인이 강자이든 약자이든 관계없이 동등하게 주어져야 합니다. 다시 말하면, 무역 상대자 및 무역 상품의 결정, 무역의 조건 합의, 무역을 통해 발생하는 이익의 배분 등 무역과 관련한 모든 사항에 대하여 누구든지 자신의 권리와 이익을 주장할 수 있는 자유가 보장되어야 한다는 것입니다. 이는 무역과 관련하여 한쪽에게 일방적으로 불리한 불공정한 계약이 강요되어서는 안 된다는 것을 의미하기도 합니다.

둘째(공정한 기회 균등), 무역에 의해 발생하는 이익이 모든 사람 또는 국가에 균등하게 분배되는 것이 아니라 능력에 따라 차등 분배되는 것이 불가피하다면, 그에 앞서서 필요한 능력을 획득하고 발휘할 수 있는 기회는 모두에게 균등하게 보장되어야 합니다. 이러한 기회의 균등은 무역이 강대국의 입장뿐만 아니라 사회적·경제적 약자들의 입장도 충분히 고려한 공정한 규칙에 따라 이루어질 때 비로소 실현될 수 있을 것입니다.

셋째(차등의 원칙), 무엇보다 무역에 참여한 모든 국가와 사람들에게 이익이 되어야 하고, 특히 가난한 국가의 경제상황, 가난한 사람들의 삶이 무역을 하기 전보다 더 높은 수준으로 향상되어야 한다는 것입니다. 이 책에서 다루고 있는 공정무역 운동은 불평등하게 진행되고 있는 자유무역의 문제점을 환기시키며 무역을 좀 더 공정

●●●●●●
** 데이비드 파피노 엮음, 강유원 외 옮김, 『철학』, 유토피아, 2008, 685쪽.

하게 만들기 위해 필요한 원칙들을 실천을 통해 하나씩 구축해가고 있습니다.

공정무역은 저개발국가에서 경제발전의 혜택으로부터 소외된 생산자와 노동자들에게 더 나은 거래 조건을 제공하고 그들의 권리를 보호함으로써 불평등한 세계 무역과 빈곤의 문제를 해결하려는 운동입니다. 공정무역 운동의 구체적인 모습들을 통해 현재의 자유무역을 좀 더 공정하게 변화시키는 데 필요한 원칙들은 무엇인지 함께 더 생각해보기로 해요.

제4장

공정무역,
희망을 만들다

– 공정무역의 특징

"공정무역은 시장근본주의 시대의
한 가닥 희망이다."
– 조지 소로스

코트디부아르에서는
어떤 일이 일어나고 있나

　서아프리카에 위치한 세계 카카오의 40% 이상을 생산하고 있는 카카오 생산량 1위국, '코트디부아르'라는 나라를 알고 있나요? 다음 페이지에 실린 사진은 바로 그 코트디부아르의 소년들이 갓 수확한 카카오를 바구니에 담아 옮기고 날카로운 칼을 이용해 씨앗을 분리하는 모습입니다.

　『포춘』(*Fortune*, 2016. 3. 1)에 따르면 코트디부아르의 카카오 농장에서는 어른뿐 아니라 아이들도 일을 하고 있대요. 그곳의 아이들은 농약을 뿌리는 위험한 작업에도 참여하죠. 특히 커다란 칼로 잡초를 베어내는 일, 카카오를 수확하고 열매에서 씨앗을 분리하는 일은 상당히 위험한 일이라 이곳에서는 10명 중 4명의 아이들이 칼에 베이거나 부상을 당한다고 합니다.

　이곳에서 일하는 아이들은 무려 130만 명에 이르며 이들 중 일부는 주변의 더 가난한 나라에서 인신매매를 통해 팔려와 강제 노동

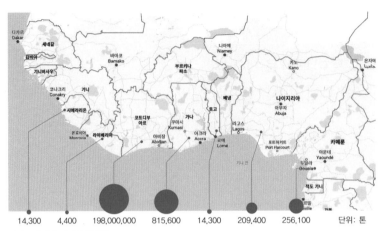

서아프리카의 카카오 생산량

| 14,300 | 4,400 | 198,000,000 | 815,600 | 14,300 | 209,400 | 256,100 | 단위: 톤 |

서아프리카에서 전 세계 카카오의 70%가 생산되는데 그중에서도 가나와 코트디부아르에서
카카오의 60%가 생산된다. 따라서 이들 국가 경제에서 카카오의 수출이 차지하는 비중은 절대
적이다.

을 하는 경우도 많습니다. 강제 노동 과정에서 농장주나 관리인에
의한 폭력에 노출되기도 합니다.

　그렇다면 왜 코트디부아르에서는 아이들이 학교에도 가지 못한
채 고되고 위험한 일을 하고 있을까요?

카카오 농장에서 일하는 어린이들

코트디부아르의 카카오 농장에서는 어른과 함께 15세 이하의 어린이들이 일하는 경우가 빈번하다. 이들은 무거운 카카오 열매를 운반하는 일, 큰 칼로 카카오 열매를 쪼개 씨앗을 분리하는 일 등 위험하고 고된 일을 하고 있다. 출처: http://beta.fortune.com

그들의 삶이 우리와 이렇게
다른 이유는 무엇일까

한 나라에서 필요한 물자를 모두 생산하는 것은 어려운 일이에요. 자연 및 인문환경이 제각기 다르기 때문이죠. 그래서 아주 오래전부터 여러 나라들은 서로 생산물을 교환하며 자연스럽게 무역을 하고 있었답니다. 자기 나라의 환경에 적합한 것을 집중적으로 생산해서 다른 나라에서 생산된 것과 맞바꾸면 효율성이 더욱 높아질 테니까요. 그런데 실제로 분업과 교환을 통해 전 세계의 생산 효율성이 높아져 모두가 더 잘살게 되었을까요?

사실 지금의 무역은 산업화와 세계화의 확산으로 이전의 그것과는 상당히 달라졌습니다. 앞 장에서 살펴본 것처럼 무역은 확대되었지만 제3세계 국가의 소농이나 작은 공장의 노동자들은 빈곤에서 벗어나기 어려운 구조에 빠져 있죠.

중국의 경제성장으로 하루 1달러 미만으로 생활하는 전 세계 극빈자의 수가 10억 명 이하로 줄어들었다고는 하지만 여전히 그 수는 세계 인구의 9분의 1에 육박하는 상황입니다. 세계는 지구의 모든 사람들이 먹을 수 있는 식량을 생산하고 있지만 여전히 아시아와 아프리카에서는 기아와 기근으로 고통 받는 이들을 쉽게 발견할 수 있고, 빈부의 격차는 더욱 확대되고 있습니다.

무역이 활발해지고 제3세계가 더 가난해지는 동안 부자 나라들은 더 부자가 되었습니다. 특히 부자 나라의 부자들은 정말 많은 돈을 벌게 되었죠. 그것은 가난한 나라가 생산하는 농산물이나 지하자원은 세계 시장을 장악한 거대 다국적기업에 의해 싼값에 거래되는 반면, 부자 나라가 생산하는 물건들은 고부가가치 산업으로 여겨지며 높은 가격에 거래되기 때문입니다.

그렇다면 우리는 어떻게 빈곤을 없애고 세계의 불균형을 줄여나갈 수 있을까요?

원조는 답이 될 수 있을까

우리는 텔레비전 뉴스, 다큐멘터리 프로그램, 책이나 인터넷을 통해 아프리카의 어린이들이 학교에도 다니지 못하고 먼 길을 걸어 물을 뜨러 다니는 모습, 그리 큰 병이 아닌데도 병원에 가서 진료를 받거나 약을 먹지 못해 죽어가는 사람들, 깨끗한 물에 씻기만 했어도 아무렇지 않았을 발가락의 작은 상처가 곪아 뼈가 썩어가고 결국 다리를 절단한 사람들을 보게 됩니다. 그리고 이런 모습을 보면서 인간적인 연민을 느끼기도 하고, 화가 나기도 하고, 또 내가 할 수 있는 일은 무엇인지 고민에 빠지기도 합니다. 그렇다면 세계는 어떻게 그들을 돕고 있을까요?

가난한 나라를 돕기 위한 가장 기초적인 방법은 원조입니다. 먹을 것, 입을 것, 새벽 이슬을 피할 집 등 생존에 필요한 물자가 부족한 사람들에게 먹을 것과 입을 것을 나눠주는 것이지요. 혹은 그런 것들을 살 수 있도록 낮은 금리로 돈을 빌려주기도 해요.

하지만 이런 방법은 그다지 효과적이지 못한 경우가 많다고 합니다. 가난한 나라의 부패한 정부는 다른 나라에서 제공한 물품이나 돈을 필요한 사람들에게 제대로 전달하지 못하는 경우가 많거든요. 또 부자 나라들이 가난한 나라에 영향력을 행사하려는 목적으로 원조를 하는 경우도 있습니다. 돈을 갚을 능력이 없는 나라에 낮은 금리로 돈을 빌려주는 경우 결국은 원금에 이자까지 덧붙여져 가난한 나라를 부자 나라에 종속되게 하고, 더욱 가난하게 만들 수도 있지요.

다나카 유의 『세계에서 빈곤을 없애는 30가지 방법』*을 보면 사람들의 선의가 오히려 상황을 악화시킬 수 있다는 것을 알 수 있습니다. 우리는 어려움에 처한 사람들을 도우려는 마음으로 국제기구나 비정부기구에 기부를 해요. 그러면 이런 단체들은 정기적으로 난민수용소 등에 식료품이나 생필품을 배급합니다. 그런데 일부 난민들은 배급받은 물품들 가운데 꼭 필요한 양만 최소한으로 남기고 나머지는 시장에 내다 팔기도 합니다. 난민들이 현금을 얻을 수 있는 거의 유일한 방법이거든요.

이 책에서는 담요를 예로 들어 설명하고 있는데요, 조금 자세히 살펴볼까요? 아프리카의 건조한 지역은 밤낮의 기온차가 매우 크기 때문에 담요가 필수품이래요. 낮에는 담요를 나뭇가지에 걸쳐서 그늘을 만들고, 밤에는 덮고 잘 수 있기 때문이죠. 이런 사정을 알게 되어 한때 일본에서 아프리카에 담요를 보내자는 운동이 벌어졌다

* 다나카 유·가시다 히데미·마에키타 미야코, 이상술 옮김, 『세계에서 빈곤을 없애는 30가지 방법』, 알마, 2016, 39~45쪽.

고 해요. 그 결과 아프리카 사람들은 일본에서 만들어진 뛰어난 품질의 담요를 공짜로 얻게 되었죠. 그리고 이것을 다시 시장에 내다 팔기 시작했어요. 일본에서 건너온 우수한 품질의 생산비 "0"인 담요와 아프리카에서 생산된 담요가 시장에서 경쟁을 하게 되면 어떤 일이 일어날까요? 아프리카의 담요 공장들은 문을 닫았고 생산은 중단되었습니다. 그곳에서 일하던 사람들은 일자리를 잃었겠죠.

선진국에서 생산되어 잠시 사용된 후 버려지는 대부분의 재사용 가능한 물품들이 이런 방식으로 개발도상국의 산업을 파괴하는 불편한 현실, 어떻게 해야 좋을까요? 긴급구호품이나 현지에서 구하기 어려운 생필품의 원조는 필요합니다. 그러나 무분별한 원조는 개발도상국의 사람들을 더욱 힘들게 만들 수도 있습니다. 정말 그들을 돕고 싶다면 일시적인 도움보다 지역의 발전가능성을 살리는 방안을 고민해야 합니다.

다른 나라가 베풀어주는 물자와 돈에 의존해서 살아가는 데에는 한계가 있습니다. 언제까지 남의 도움에 의존하며 살 수는 없잖아요? 그들에게도 자신의 삶을 스스로 꾸려나갈 수 있는 기회가 필요합니다. 그러나 지금의 무역 방식으로는 가난에서 벗어나 자립하기 어렵습니다. 왜 무역의 이익이 가난한 국가의 생산자들에게 돌아가지 않을까요? 어떤 방식으로 무역을 해야 전 세계의 모든 사람들이 정당한 자신의 몫을 분배받아 인간다운 삶을 누릴 수 있을까요?

공정하게 무역을 하는
방법은 무엇일까

공정무역의 기본적인 아이디어는 대규모의 자본을 지닌 힘 있는 유통업자의 영향력에서 벗어나 생산자와 소비자 사이를 직접 연결하고 이를 통해 생산자와 소비자에게 더 많은 이윤을 돌려주자는 것입니다.

어떻게 하면 생산자와 소비자 사이를 직접 연결할 수 있을까요? 사실 직거래가 그렇게 어려운 것만은 아니죠. 우리 주변에서 직거래 장터를 쉽게 볼 수 있고, 인터넷을 통한 주문도 가능하기 때문입니다. 하지만 무역은 좀 다르죠. 우리는 아프리카에서 카카오를 생산하는 농부를 만날 수도 없고, 만난다고 하더라도 대화조차 나눌 수 없을 텐데 어떻게 거래를 할 수 있겠어요? 게다가 다른 나라의 농산물을 수입해오는 절차는 복잡하고 까다로워서 생산자와 소비자 개인이 직접 거래를 하는 것은 거의 불가능에 가깝습니다. 그러니 우리는 무역을 하는 기업들에 의존할 수밖에 없었던 것이지요.

그렇다면 기업들이 주도하는 일반무역은 어떤 과정을 통해 이루어질까요?

여기서는 이해를 돕기 위해 카카오를 예로 들어 살펴보기로 해요. 농부들은 자신이 재배한 카카오를 수출업자에게 판매하여 얻은 소득으로 생계를 꾸려나갑니다. 농부들이 카카오를 판매할 수 있는 유일한 통로는 수출업자들이며, 이들에게 카카오를 판매하지 못하면 농사는 헛수고가 되어버립니다. 수출업자들이 농부에게 매우 낮은 가격을 제시한다고 해도 농부들은 울며 겨자 먹기로 카카오를 넘길 수밖에 없죠. 수확한 지 오래된 카카오는 품질이 떨어져 제값을 받지 못하기 때문에 거래를 미룰 수 없거든요. 수출업자들은 농부로부터 값싸게 사들인 카카오에 이윤을 붙여서 중간상인에게 판매합니다.

일반무역 유통단계와 공정무역 유통단계

Pictogram From Noun Project

ⓒ 픽토그램

몇 단계의 중간상인을 거쳐 카카오가 수입업자 손에 들어가면 수입업자는 다시 초콜릿 생산 기업에 넘기게 되고, 카카오는 공장에서 초콜릿으로 다시 태어납니다. 그리고 이 초콜릿이 다시 도매상과 소매점을 거쳐 우리 손에 들어오게 되죠.* 카카오가 거래되는 모든 과정에는 이윤이 붙기 때문에 단계가 복잡하면 복잡할수록 생산자에게 돌아가는 몫은 적어질 수밖에 없습니다. 그리고 카카오를 재배해서 수출업자에게 판매하는 것 이외에 다른 생계수단이 없는 가난한 나라의 생산자들에게는 특히 적은 몫이 돌아가게 됩니다.

그럼 공정무역은 무엇이 어떻게 다를까요?

공정무역을 할 때는 농부들이 모여 생산자 조합을 만들고, 다국적 식품기업이 아닌 공정무역 회사에 카카오를 판매합니다. 그리고 이 공정무역 회사에서 생산된 제품을 소비자는 구입하게 되죠. 이렇게 되면 농부들은 다국적기업들에 의해 일방적으로 결정된 낮은 가격에 카카오를 팔지 않아도 되고, 유통 단계에서 중개상-수출회사-다국적기업을 거치지 않기 때문에 거대 기업에 돌아가는 이익 가운데 상당 부분이 생산자와 소비자에게 돌아갈 수 있다는 장점이 있어요.**

세계공정무역상표기구(FLO)는 공정무역을 할 때 지속적인 생산을 보장해주는 가격을 지불하도록 규정하고 있어요. 당연히 이 가격은 일반무역에서 적용되는 시장 가격보다는 대체로 높게 정해집

* MBC스페셜, 〈세상을 바꾸는 실험 - 대안기업가들, 제1부 생산자가 행복하면 소비자도 행복하다〉, 2007. 10. 20. 방송 참조.
** 같은 방송 참조.

니다. 그리고 여기에 해당 지역의 지속가능한 사회·경제, 환경적 개발을 지원하기 위한 공정무역 프리미엄을 지급하도록 하고 있습니다. 또한 안정적인 계약을 통해 생산자들이 장기적인 생산 계획을 수립할 수 있도록 도와줍니다. 따라서 공정무역에 참여하는 농부들은 가격 폭락이나 계약 해지 등의 두려움로부터 벗어나 안심하고 농사를 지을 수 있답니다.

실제로 소비자가 아이쿱생협에서 초콜릿을 구매할 때 상품 가격이 2,380원이라면 여기에 공정무역 기금 20원을 더해서 2,400원을 지불하게 됩니다. 조합원의 경우 1,730원에 공정무역 기금 20원을 더해 1,750원을 지불합니다. 아이쿱생협 '자연드림'은 협동조합으로 운영되어 조합원에게는 조금 더 저렴한 가격에 물품을 제공하기 때문입니다.

이 돈은 생산자 조합에 돌아가 지역사회를 위해 쓰이게 됩니다. 이렇게 추가로 얹어서 지불하는 금액을 '사회적 프리미엄'이라고 하는데 이 사회적 프리미엄은 생산자 개인이 아니라 조합에 돌아간 대요. 조합은 이 돈으로 학교, 의료 시설 등 필요한 시설들을 만들기도 하고 조합원들에게 낮은 이자로 돈을 빌려주기도 합니다. 물론 조합이 이 돈을 어떻게 사용할 것인지는 조합에 속한 생산자(조합원)들이 민주적인 방식으로 결정합니다.

이와 같이 공정무역은 적절한 가격을 보장하여 생산자들의 삶이 안정될 수 있도록 도와주고, 사회적 프리미엄을 지급하여 그들이 살아가는 공동체의 기본적인 환경을 개선할 수 있도록 돕는다는 데 가장 큰 의의가 있습니다.

물론 시장가격보다 더 비싼 가격으로 구입해주는 대신 생산자 조

공정무역 기금이 포함된 초콜릿

아이쿱생협 '자연드림'에서 판매되는 공정무역 상품에는 상품가격에 공정무역 기금이 포함되어 있다. ⓒ아이쿱생협

합이 지켜야 할 규칙이 있어요. 유전자 조작 농산물의 재배를 금지하고, 살충제를 최대한 사용하지 않는 친환경 재배의 원칙을 지켜야 합니다. 또한 생산자 조합에 속한 모든 구성원들의 의견이 공정하게 반영되도록 민주적으로 조합을 운영해야 하며, 아동노동이나 노예노동을 이용하지 않고 생산해야 합니다.

그런데 이러한 원칙을 지키는 것이 쉬운 일은 아니라서 여전히 농부들 가운데 상당수는 공정무역에 참여하지 못하고 있어요. 하지만 공정무역에 동참하고자 하는 생산자들은 조합을 만들어 유기농 재배 방법을 연구하고, 또 지역사회를 개발하기 위한 여러 가지 활동을 합니다. 그리고 점점 더 많은 농부들이 공정무역에 참여할 수 있도록 노력하고 있지요. 실제로 2006년에는 21개의 카카오 생산자 조합이 있었지만, 2014년에는 129개로 늘어났고 소규모로 카카오를 재배하는 17만 9,000여 명의 농부들이 참여하고 있다고 합니다.

그 결과 공정무역 카카오의 거래는 매년 증가하고 있으며 2013년에
서 2014년 사이에만 거래가 17%나 증가했습니다.*

● ● ● ● ● ●
＊국제공정무역기구 홈페이지(www.fairtrade.net) 참조.

공정무역은
사람들의 삶을 어떻게 바꿀까

초콜릿은 어떻게 페루 농민의 삶을 바꿀까

사진 속의 초콜릿을 본 적 있나요? 이 초콜릿의 주원료인 카카오를 생산하는 농부들에 대해 이야기해보려고 합니다. 페루나 볼리비아 등 안데스 산맥 주변에서 살고 있는 인디오에게 코카나무의 잎은 음식이나 차의 재료인 동시에 귀한 약초로 여겨져왔답니다. 몸이 아프거나 피곤할 때, 또 배가 고플 때 코카 잎을 씹으면 아

아름다운커피의 공정무역 초콜릿
아름다운커피 홈페이지의 상품 안내를 통해 카카오를 재배하는 나랑히요 조합의 농부들의 삶이 초콜릿으로 인해 어떻게 달라졌는지 알 수 있다. ⓒ아름다운커피

픈 것을 잊어버리게 되고 힘이 나기 때문이죠. 그래서 코카 잎은 코카-콜라가 처음 만들어질 때 주원료로 사용되기도 했습니다. 그런데 코카에서 코카인이라는 성분을 추출하여 마약을 만들게 되면서 문제가 생기기 시작했어요. 농부들이 코카를 이용하는 방식은 중독 증상을 일으키지 않지만, 코카인은 심각한 중독을 유발하는 마약으로 범죄 조직의 자금줄이 되었거든요.

결국 페루 정부는 1948년 코카의 재배를 금지했고 코카를 재배하던 농부들의 생계는 막막해졌습니다. 농부들 중 일부는 먹고살기 위해 코카 밀매를 하기도 했습니다. 하지만 범죄 조직에 연루된 코카 밀매로는 안정된 삶을 지속하기 어려웠습니다. 이런 상황 속에서 페루 나랑히요 지역의 농부 32명은 '나랑히요 협동조합'을 만들고 코카 대신 카카오를 재배하기로 결정했대요. 그들은 지금까지 우수한 품질의 카카오를 재배하고 있을 뿐 아니라 다른 농부들에게 카카오 재배 방법을 알리기 위해 노력하고 있습니다.

농부들은 말합니다. 코카를 재배하면 돈을 20배는 더 벌 수 있지만 코카 대신 공정무역 카카오를 재배하게 되면서 법의 테두리 안에서 자유롭고 평온하게 살 수 있게 되었다고.*

운동화는 어떻게 브라질 농민의 삶을 바꿀까

'베자', 최근 한 드라마에서 배우 서인국이 잠깐 신고 등장하기도

• • • • • •
* 아름다운가게 홈페이지(www.beautifulcoffee.com) 참조.

했지만 아직은 낯선 이름이
죠? 운동화 상표입니다. 그
리고 동시에 브라질 농부의
삶의 가능성이기도 하지요.

브라질 세아라 주 타우아
지역의 농부들은 오랫동안
목화를 재배해왔습니다. 그
들에게 목화는 금이라고 불
릴 만큼 중요한 농산물이었
대요. 그런데 1990년대 말
목화 농사에 치명적인 병충

veja의 공정무역 운동화
공정무역을 통해 거래되는 목화를 이용하여 생산
되는 프랑스 베자의 운동화. 최근에는 우리나라에
서도 구입할 수 있다.
출처: www.veja-store.com

해가 발생했고, 농부들은 엄청난 양의 농약을 뿌려야 했습니다. 농
약 값은 점점 더 늘어나기만 했고, 목화를 재배해서 이 농약 값을
충당하기도 어려운 지경에 이르렀죠. 농약 값을 감당할 수 없었던
이들에게 친환경 농업은 유일한 대안이었습니다. 다행히 타우아 목
화 생산조합은 목화씨에서 뽑아낸 기름을 친환경 농약으로 사용하
는 방법을 통해 우수한 품질의 목화를 생산할 수 있게 되었습니다.

그러나 문제는 유기농 목화를 생산해도 팔 곳이 없었던 거죠. 이
때 나타난 회사가 바로 '베자'입니다. 베자는 운동화를 만들 때 유기
농 솜을 사용하거든요. 타우아 지역의 농부들은 베자와 공정무역을
통해 안정적으로 유기농 목화를 판매할 수 있게 되었습니다. 타우
아 지역에서 생산된 목화의 60% 정도가 베자에 공급되고 있고, 지
금은 점점 더 많은 지역에서 유기농 목화를 생산하고 있습니다. 농
민들은 목화를 재배하면서 경제적으로 윤택해졌고, 어려운 현실 때

문에 고향을 떠나려던 젊은이들이 영농 수업을 받고 정착하기도 한다는군요. 베자가 브라질 농촌의 미래를 키우고 있는 것이지요.*

공정무역이 희망인 이유는 무엇일까

우리는 페루나 브라질 농민의 삶을 바꾸는 것만을 목적으로 무엇인가를 소비하지는 않습니다. 품질은 같은데 가격만 비싸다고 생각하면 구입을 망설이기도 합니다. 공정무역 상품은 뭐가 다르기에 소비자들의 선택을 받을 수 있을까요?

첫째, 공정무역은 생산과정에서 환경을 파괴하지 않고 지속가능한 생산 방법을 이용한 상품만 거래합니다. 즉 농약과 비료 사용을 최소화하여 생산하며 유전자 조작을 금지하기 때문에 소비자들은 안전한 식품을 소비할 수 있습니다.

둘째, 공정무역은 아동노동, 노예노동을 통해 생산된 제품을 거래하지 않아요. 우리는 소비자이면서 동시에 시민입니다. 생산자가 어린이를 고용해서 만들어낸 물건, 사람들을 노예처럼 때리고 강제로 일을 시켜서 생산한 물건은 저렴하고 품질이 좋다고 하더라도 즐겁게 소비할 수 없을 거예요. 공정무역 제품을 소비하는 동안은 적어도 일반무역 제품을 소비할 때와 같은 도덕적 불편함을 감수하지 않아도 됩니다. 사실 소비를 하면서도 사람들을 돕게 되니 조금은

• • • • • •

* MBC스페셜, 〈세상을 바꾸는 실험 – 대안기업가들, 제1부 생산자가 행복하면 소비자도 행복하다〉, 2007. 10. 20. 방송 참조.

뿌듯한 마음을 가져도 좋아요.

셋째, 사회적 프리미엄을 지불한다고 하더라도 아주 비싸지는 않아요. 이는 이윤만을 추구하는 다국적기업의 횡포나 복잡한 유통단계를 없애고, 유명 모델을 써서 광고 마케팅을 하지 않기 때문에 가능한 일이죠. 특히 커피나 설탕 등 일부 품목은 공정무역 제품을 찾는 소비자가 늘어나 시장이 커지면서 공정무역 제품의 가격이 일반 무역 제품과 비슷하거나 더 저렴한 경우도 생겨나고 있습니다.

결론적으로 공정무역은 다국적기업이 주도하는 불공정한 무역의 구조에서 벗어나, 생산자와 소비자 모두에게 이익이 되는 무역이 될 수 있는 것이죠.

물론 한계도 존재합니다. 공정무역 회사에서 적정 가격을 지불한다고 하지만 그것은 소비자들이 감당할 수 있는 가격이어야 하므로 시장 가격에 비해 아주 높게 책정할 수는 없죠. 따라서 공정무역에 참여하는 농부들은 여전히 우리보다 훨씬 더 가난합니다. 또한 공정무역 상품인 커피나 설탕 등을 대량 재배하느라 쌀이나 옥수수

공정무역 커피와 일반무역 커피의 가격 비교
같은 날, 같은 대형 마트에 진열된 커피. 왼쪽의 공정무역 커피는 10g에 1,800원 대인 반면 오른쪽의 일반 커피는 10g에 2,100원 대로 공정무역 커피가 오히려 저렴하다. ⓒ 전국사회교사모임

등의 식량 작물을 수입에 의존하게 되면서 수입 농산물 가격 상승으로 생존이 위협받는 상황도 여전히 존재하지요. 그럼에도 우리는 이것을 공정하다고 불러도 괜찮을까요?

공정무역은 완벽한 대안은 아닐지도 모릅니다. 하지만 필리핀 네그로스 지역의 농부들의 삶을 통해 적어도 공정무역이 왜 필요한지는 확인할 수 있습니다. 네그로스 지역의 농부들이 사탕수수를 재배하느라 주식인 쌀을 재배하지 못하고 있다는 점은 사실입니다. 하지만 일반무역을 하는 동안 지주의 땅에서 제대로 된 임금도 받지 못하고 노예처럼 일하던 사탕수수 농부들이 공정무역을 만나 지주로부터 독립하여 사탕수수를 재배하고 '마스코바도'라고 불리는 설탕을 직접 생산하게 되었습니다. 또 공정무역 설탕(마스코바도)의 거래를 통해 마련한 공동기금으로 식수 시설을 마련하는 등 지역환경을 개선하고, 스스로 삶을 꾸려나가게 되었죠. 또 일부 농부들은 사탕수수 대신 벼농사를 짓게 되었습니다. 이러한 변화를 보면 공정무역이 완벽하지 않다고 해도, 하지 않는 것보다는 하는 편이 낫다는 생각을 하게 됩니다.

여전히 무역 거래의 대부분은 일반무역이 차지하고 있고, 공정무역의 비중은 매우 적어요. 실제로 공정무역으로 거래 가능한 커피는 전체 커피의 4% 정도에 지나지 않지요. 하지만 변화는 지속되고 있습니다. 공정무역에 공감하는 시민들이 거대 기업에 공정무역 상품을 거래하도록 압력을 가하기도 합니다.

예를 들어 미국의 시민들은 2000년 4월 스타벅스가 공정무역 커피를 거래하도록 하는 시민운동(스타벅스 들볶기: Roasting Starbucks)을 했고 덕분에 스타벅스 매장에서도 공정무역 커피가 팔리게 되었

스타벅스의 공정무역 제품들
스타벅스에서도 커피, 초콜릿 등 다양한 공정무역 제품들을 판매하고 있다. ⓒ 연합뉴스

어요. 하지만 여전히 그 양은 많지 않으며, 언제든지 스타벅스는 자신들의 결정을 취소할 수도 있지요. 하지만 다행스럽게도 2016년 현재까지 스타벅스는 공정무역 커피, 혹은 C.A.F.E Practice 등 제3

자로부터 인증을 받는 방식으로 공정무역 인증을 받지 못한 소규모 농가에 정당한 값을 지불하고 지속적인 거래를 하는 윤리적인 커피 원두 구매를 기업 운영의 사회 공헌으로 표방하고 있습니다.

공정무역의 한계를 인정하는 것이 공정무역을 할 필요가 없다는 의미는 아닙니다. 공정무역이 옳지 않다는 의미는 더더욱 아니죠. 오히려 우리가 해야 할 일은 내가 구입하는 물건이 어디에서 어떤 과정을 통해 만들어진 것인지 관심을 기울이고, 나에게 필요하고 내가 진짜로 원하는 물건을 선택하기 위해 노력하는 것입니다. 그리고 공정무역 제품을 구입하는 것은 가장 쉬운 실천방법 중 하나일 거예요.

하지만 때로는 어려운 일일지도 모릅니다. 사실 우리는 광고에 혹해서 혹은 사은품에 눈이 멀어 필요하지 않은 물건을 사기도 하잖아요? 강력한 거대 기업의 힘은 느끼지 못하는 사이에 우리의 자유를 침해하기도 합니다. 기업의 힘이 강력하니까 포기할까요? 아닙니다. 우리가 어떻게 하느냐에 따라 기업과 세상을 바꿀 수도 있거든요. 미국의 시민들이 스타벅스를 바꾼 것처럼 말입니다.

나는 무엇을 할 수 있을까

나는 지구 반대편에 살고 있는 농부의 생산 활동과 나의 소비 활동 사이의 관계를 알게 되었습니다. 그들의 삶을 알고 나니 마음 한 구석이 자꾸 불편해집니다. 그래서 지금 공정무역 초콜릿을 사고 싶지만, 가까운 슈퍼마켓이나 편의점에 공정무역 초콜릿은 없습니다. 그렇다면 나는 무엇을 할 수 있을까요?

첫째, 내가 사용하는 상품들의 속사정에 관심을 기울입니다. 내가 좋아하는 모 연예인이 광고 모델인 커피를 구입해왔다면, 커피가 어디에서 어떻게 생산되는지 관심을 기울이는 것이 첫 번째 할 일입니다. 산뜻한 색상의 매끈한 포장지를 입고 있는 커피도 원래는 나무에 달려 있는 열매였고, 수많은 사람들의 노고를 거쳐 생산되었다는 사실을 잊지 말아요.

둘째, 주변의 마트나 슈퍼마켓, 백화점에 가게 되면 공정무역 상품을 요구합니다. 기업은 이윤을 중심으로 움직이는 조직이에요. 사

대형 마트에서 판매되는 공정무역 제품들

TV 광고에서 볼 수 없는 상품들이지만 공정무역 로고가 붙어 있다면 믿고 구매할 수 있다.
ⓒ 전국사회교사모임

실 기업은 어떻게 생산해서 누구에게 그 상품이 공급되게 할 것인지보다는 이윤이 얼마나 남는지를 훨씬 중요하게 생각하죠. 따라서 많은 소비자들이 공정무역 상품을 구입하고 싶어 하면 공정무역 상품을 판매하는 곳이 늘어나게 됩니다.

최근에는 공정무역에 관심을 갖는 사람들이 많아지면서 대형마트에서 공정무역 제품을 판매하고 있어요. 우리에게 익숙한 특정 상표 제품뿐만 아니라 공정무역 마크를 달고 있는 제품들을 찾을 수 있게 된 것이죠. 그리고 우리는 공정무역 마크를 통해 그 상품이 어떻게 생산되어 유통되는 것인지 짐작할 수 있으니 믿고 구입할 수 있습니다.

공정무역 상품을 거래하는 것은 단순한 상품의 거래를 넘어 생산자와 내 삶의 관계를 생각하게 되는 것입니다. 앞서 살펴본 페루의 카카오 농부, 브라질의 목화 농부, 필리핀의 사탕수수 농부들의 삶과 우리의 소비가 연결된 것처럼 말이죠.

이어지는 제5장에서는 공정무역을 통해 삶이 달라진 사람들의 이야기를 들어보기로 해요.

제5장

공정무역
생산자 이야기

– 인도와 필리핀에서 만난 사람들

인도 농민 람 씨: "공정한 대가라니.
그 말을 들었을 때 가슴이 뭉클했습니다."

필리핀 어린이 줄리: "더 이상 일하러 다니지
않아도 된대요."

티셔츠가 품고 있는 인도 농민의 삶

생산자 이야기 1

공정무역이 생산자들의 삶을 어떻게 변화시켰는지 직접적이고 생생한 경험담을 듣기 위해 인도를 방문했다. 이제부터 그곳에서 만난 한 가족의 이야기*를 여러분들에게 들려줄까 한다.

비마사 마을 어느 초등학교 앞, 하얀색 블라우스와 남색 플리츠 스커트의 교복을 입은 한 무리의 초등학생들이 조잘조잘 이야기를 나누며 교문 밖으로 나오고 있었다. 양 갈래로 머리를 곱게 땋은 여자아이에게 다가가 난 한국에서 왔으며 이곳의 초등학생들의 이야기를 한국의 친구들에게 전해주고 싶다고 양해를 부탁하고 카메라 촬영을 시작했다.

· · · · · ·

* 박창순·육정희, 『공정무역, 세상을 바꾸는 아름다운 거래』, 시대의창, 2015를 참고하여 저자가 만난 사람들의 실제 이야기를 인터뷰 형식으로 재구성한 것이다.

마을 공터에 글쎄, 학교가 생겼지 뭐야

한국에 사는 친구들아, 안녕?

난 인도에서 살고 있는 락쓰미라고 해. 나이는 열 살이고 초등학교 4학년이야. 가족은 아빠와 엄마, 일곱 살 된 남동생, 그리고 세 살 된 여동생이 있어. 한국에서 온 아저씨가 내 소개를 하라고 해서 얼떨결에 하게 되었네. 지금은 학교 수업 마치고 집으로 돌아가는 길이야. 한국의 학생들은 공부 때문에 많이 힘들어 한다고 들었어. 정말 그러니? 난 공부가 재밌어. 학교 다니는 것도 굉장히 즐거워. 내 말 믿지 못하겠지? 정말이야.

실은 학교를 무척 다니고 싶었는데 그동안 제대로 다닐 수가 없었어. 왜냐하면 몇 년 전까지만 해도 우리 마을에는 학교가 없었거든. 그래서 이웃 마을에 있는 학교를 다녔었어. 그런데 그 학교를 가려면 저기 보이는 산 있지? 저 산을 넘어서 가야 해. 2시간이나 걸려서 말이야. 매일 지각을 할 수밖에 없었고, 수업 끝나면 서둘러 집으로 돌아와야 했어. 혹시 비라도 많이 오는 날이면 학교는 아예 갈 수 없었어. 그러다보니 학교에 빠지는 날도 많았고 점점 학교 가는 것도 공부하는 것도 재미가 없어져버렸어.

그런데 말이야. 2년 전에 우리 마을에 굉장한 일이 일어났어. 마을 공터에 글쎄 학교가 생겼지 뭐야. 우리 부모님과 마을 사람들이 열심히 일한 덕택에 학교를 지을 수 있게 되었다고 아빠가 우리들에게 자랑스레 말씀하셨어. 참, 우리 아빠는 목화 농사를 지으시고 엄마는 천에 자수를 놓아 수공예품을 만드는 일을 하셔.

아무튼 우리 마을에 학교가 생겼을 때 정말 하늘을 날아갈 듯 기뻤어. 이제 매일매일 학교를 갈 수 있을 거라는 생각이 들어서 말이야. 난 컴퓨터를 배우는 시간이 제일 좋아. 모니터 속에 온갖 신기한 것들이 가득 차 있거든. 가끔씩 한국 가수 뮤직비디오도 보곤 해. 그렇지만 컴퓨터 교실에는 컴퓨터가 몇 대 없어서 내 차례가 돌아올 때까지 기다리는 것이 너무 싫어. 아빠가 조금만 더 있으면, 아니 내가 5학년이 되면 학교에 컴퓨터가 더 많이 생긴댔어. 그럼 지금보다 조금 오래 컴퓨터를 할 수 있을 테지. 벌써부터 신난다.

혼자서 너무 많이 떠들었다. 이제 그만 가봐야겠어. 집에 가서 숙제 해야 하거든. 우리 선생님은 무척 엄하신 분이라 숙제를 하지 않고 가면 크게 혼나. 그럼 반가웠어. 안녕~

락쓰미는 기대 이상으로 나의 인터뷰에 응해주었다. 아마도 학교 수업시간에도 적극적으로 발표하는 학생이 아닌가 싶다. 고마움에 한국에서 준비해 간 전통 인형을 건네주는 순간 락쓰미가 나에게 이렇게 이야기한다.

"아저씨, 저기 노란색 사리 입고 걸어오시는 분 보이시죠? 우리 엄마예요. 우리 엄마도 인터뷰해주세요."

락쓰미가 가리키는 방향으로 고개를 돌리니 색색의 실들을 담은 광주리를 머리에 지고 걸어오는 한 여인이 보였다. 나는 자연스레 그녀를 대상으로 인터뷰를 했다. 카메라 촬영에 어색해하면서도 수줍은 미소를 띤 채 나지막한 목소리로 자신의 이야기를 시작했다.

제 삶에 희망이라는 단어가 생겼어요

제 삶이 어떻게 변했냐고요? 불과 몇 년 전까지만 해도 지금 제가 이렇게 자수 놓는 일을 하며 살고 있을지는 상상도 못 했어요.

전 아주 가난한 집 막내딸로 태어나 없는 살림에 입 하나 줄인다고 엄마가 일찍 결혼을 시켰어요. 학교도 다니지 못했고 변변찮은 기술이 있는 것도 아니고 시집 와서 아이 셋 낳아 키우면서 하루하루 근근이 살아왔죠. 남편이 목화밭에서 아침부터 저녁까지 쉬지 않고 열심히 일하는데도 살림살이는 늘 제자리였어요.

그러던 어느 날, 마을에서 여성들에게 일자리를 준다는 벽보가 붙었어요. 지역의 여성 단체에서 국제사회의 지원을 받아 전통 수공예

자수를 놓고 있는 인도 여성
공정무역은 여성들의 경제적 자립은 물론 인간으로서 자존감을 회복하는 데도 큰 기여를 한다. ⓒ 페어트레이드코리아 그루

품을 생산하는 일을 시작한다는 것이었어요. 일은 하고 싶었지만 아직 어린아이가 있는 터라 아이를 떼어놓고 일하러 갈 수 없어 고민했는데 너무나 고맙게도 일하는 작업장 옆에 탁아 시설도 함께 운영한다고 하더라고요. 더 이상 고민할 필요가 없게 되었죠. 우리 마을에서 몸이 편찮으신 아주머니, 할머니들은 제외하고 대부분이 이 일을 시작하게 되었어요.

바느질이야 기본적으로 할 수 있었지만 수를 놓는 건 한 번도 해본 적이 없었어요. 그래서 간단한 재봉틀 다루는 일부터 시작하면서 자수 놓는 기술을 6개월 동안 교육받았어요.

이때는 실질적으로 일을 시작한 게 아니라서 임금은 받지 못했지만, 교육비 명목으로 수당을 조금씩 받아서 교육을 계속 받을 수 있었지요.

이후에 저는 도안된 천에 색색의 실로 수를 놓는 일을 맡아서 하고 있어요. 저희 작업장에서 만든 상품들은 공정무역 회사를 통해 여러 나라로 수출되는데, 디자인도 뛰어나고 마무리도 꼼꼼해서 좋은 평가를 받고 있다는 얘길 들으면 너무나 기뻐요. 집에만 있다가 저의 일을 갖게 되어 직장에서 사람들과 함께 일을 하니 기분도 좋고, 살림에도 보탬이 되어 기뻐요.

저희 작업장에서는 수익의 10%를 사회적 기금으로 적립해요. 그 돈으로 지역에서 필요한 부분에 사용하고 있어요. 몇 년 동안 모은 기금으로 학교를 짓는 데 사용하기도 했죠. 큰딸이 다른 마을에 있는 초등학교에 다닐 땐 힘들다고 툴툴거렸는데 지금은 즐겁게 다니고 있는 모습을 보니 절로 흐뭇해져요. 이제 내년이면 둘째도 학교를 다닐 테고, 머지않아 우리 막내도 그럴 테지요. 제가 지금처럼 열심히 일하면

우리 아이들 셋 모두 하고 싶은 공부 마음껏 할 수 있도록 뒷바라지해
줄 수 있다는 희망이 생겼어요. 그게 저에게 생긴 가장 큰 변화죠.

그녀의 이야기를 들으면서 그녀가 느끼는 지금 이 순간의 작은
행복들을 함께 축하해주고 싶었다. 그녀는 다음 말을 이어갔다.
"시간이 괜찮으시다면 저녁에 저희 집으로 오세요. 저희 남편이
그동안 우리 마을에서 있었던 많은 변화들을 잘 설명해줄 거예요."
얼떨결에 나는 현지인 집에 초대를 받아 방문하게 되었다.
그날 저녁,
"커리 어떠셨어요? 인도에서는 요리할 때 향신료를 많이 쓰거든
요. 한국에서 오신 분들 입맛에 잘 맞았는지 모르겠네요. 여보~ 짜
이 좀 내오지 그래? 제 아내에게 이야기 들었습니다. 공정무역에 참
여하는 생산자 조합을 취재하러 오셨다면서요? 그렇다면 아주 잘
찾아오신 겁니다."
구릿빛 피부에 잘 정돈된 콧수염이 아주 멋진 람 씨로부터 마을
에서의 일들, 공정무역이 가져온 변화들에 대해서 자세한 이야기를
들을 수 있었다.

우리의 힘으로 우리의 삶을 변화시켜가고 있습니다

저희는 조상 대대로 목화 농사를 지으면서 살아왔습니다. 저희 집
뿐만 아니라 이 마을 남자들이 다 농사를 짓고 있습니다. 목화 원산지
가 인도라는 사실은 알고 계신가요? 할아버지 때까지는 그럭저럭 목

화 농사로 밥벌이는 잘하고 살아왔습니다만 1990년대 중반 WTO로 농업시장이 개방되면서 값싼 미국산 목화가 쏟아져 들어오는 바람에 목화농사를 짓는 사람들이 곤경에 처했죠. 다들 소규모 농가이다보니 개별적으로 대항해보지도 못하고 주저앉아버렸습니다. 저희 아버지 역시 그러하셨죠. 매해 농사지을 때마다 오히려 빚만 늘어갔고 이후 늙으신 아버지 대신 별다른 기술도 없는 제가 농사나 짓자 싶어 목화 농사를 이어 짓게 되었습니다.

그러다 한 5년 전쯤이었나? 다른 마을에서 농부들이 목화 값을 제대로 받고 형편이 나아지기 시작했다는 소문이 들려왔습니다. 알아봤더니 유기농으로 목화를 재배하여 공정무역으로 판다고 하더라고요. 공정무역이 뭔지도 모르면서 무작정 공정무역 회사를 찾아갔습니다. 어떻게 하면 우리가 재배한 목화를 사줄 수 있냐고요. 공정무역 회사 관계자가 말하기를 일단 마을에서 생산자 조합부터 만들라고 그러더군요. 그리고 유기농으로 재배하기 위해서 농업 기술도 배워야 한다고 했고요. 그렇지만 공정무역 회사를 통하여 거래를 한다면 이전에 우리 개인 각자가 팔던 것보다 제 몫을 더 쳐주어 공정한 대가를 얻게 될 거라는 이야기를 하셨습니다.

공정한 대가라니. 그 말을 들었을 때 가슴이 뭉클했습니다.

저희 농사꾼은 사려는 사람들이 제시한 가격에 팔아야만 합니다. 목화를 팔 수 있는 다른 방도가 없기 때문이죠. 우리의 땀과 노력이 겨우 이 정도밖에 안 되나 절망하면서도 어쩔 수 없이 헐값에 넘기곤 했는데 이제 그 가치를 제대로 인정받을 수 있다니 가슴이 벅찼습니다. 마을로 돌아와 사람들과 상의한 후 우리도 목화 생산자 조합을 만들고 목화 재배 교육을 다시 받았습니다. 유기농 비료를 만들고 새

회의를 하는 생산자 조합원들
소규모 생산자들은 민주적인 조합 형태를 만들고 마을 공동체의 중요한 일은 회의를 통해 결정한다. ⓒ 국제공정무역기구 한국사무소

로운 생산 기술도 배우고 품질 점검도 철저히 하게 되었습니다. 초기 1~2년은 고생을 좀 했죠. 하지만 점차 품질 좋은 목화를 안정적으로 수확할 수 있게 되면서 성과가 조금씩 나타나더군요.

개인에게 돌아가는 수입도 개별적으로 농사지을 때보다 1.2배에서 1.5배 정도 더 많아졌고, 수입의 일부분은 마을 전체를 위한 일에 쓰자며 다들 함께 기금을 모으기 시작했습니다. 혼자가 아닌 조합이라는 공동체의 노력이 있어 가능한 일이었죠.

혹시 마을회관 옆에 있는 식수 펌프 보셨나요? 그것이 우리가 모은 기금으로 처음 설치했던 것입니다. 두 번째 결실은 바로 우리 딸아이가 다니는 학교입니다. 기금을 어느 곳에 투자할 것인가는 늘 조합원 모두가 모여 회의를 통해 결정하고 있습니다. 다음은 그동안 우리가 간절하게 바라왔던 병원을 짓기 위해 준비 중입니다. 기금을 충분히 모으려면 시일이 많이 걸릴 테지만 우리의 힘으로 우리의 삶을 조금씩 변화시켜가고 있다는 자부심을 가지고 열심히 노력할 것입니다.

생산자 조합이 저 자신에게, 우리 가족에게 나아가 우리 마을에게 어떤 의미인지 조금은 답이 되셨나요? 다음번에 기회가 되신다면 또 한 번 이곳을 찾아주십시오. 그때엔 마을에 생긴 병원을 자랑할 수 있었으면 합니다.

나는 환한 미소와 한층 더 높아진 자신감이 가득한 목소리에서 람 씨가 얼마나 자신의 삶에 자부심을 느끼는지를 읽을 수가 있었다. 어려운 환경을 극복하기 위해 적극적인 노력을 기울이는 모습, 개인과 개인이 힘을 합쳐 더 나은 공동체의 삶을 만들어가는 람 씨와 람 씨 마을 사람들의 이야기가 여전히 진행 중이라니 나 역시도 그들의 삶을 변화 과정들을 함께 지켜보고 싶다는 생각이 들었다.

인터뷰를 마치며 '이 먼 곳까지 찾아온 게 결코 헛수고가 아니었구나. 아직까진 공정무역이 거대한 파도를 일으키며 세상을 획기적으로 변화시키는 것은 아니지만 이들에게 찾아온 변화들이 의미 있는 파장을 만들어가고 있는 것은 아닐까'라는 생각을 했다.

티셔츠는 무엇으로 만들까

여러분이 즐겨 입는 티셔츠의 원료에 대해 알고 있나요? 모른다면 티셔츠를 뒤집어 상품 태그를 확인해보세요. 아마 cotton ○○%라고 적혀 있을 겁니다. 네 맞아요. 목화에서 실을 뽑고, 하얀 실로 면직물을 짜서 다양한 색깔로 물을 들여 우리가 입는 티셔츠가 만들어져요.

미국, 중국, 인도, 호주, 우즈베키스탄 등 세계 90여 개국에서 목화를 재배하고 있는데 우리는 그중에서 인도에 대해 살펴보려고 합니다. 목화의 원산지로도 알려진 인도의 목화 재배 지역은 약 950만 헥타르(ha)로 7만 인도 농업 인구의 생계

목화솜이 핀 모습
목화는 먼저 꽃이 피고 진 다음 열매가 맺히고 그 열매가 열리면서 목화솜이 피어난다.
출처: google

를 책임지고 있는 아주 중요한 작물입니다.

그런데 인도 최대 목화 생산지인 비다르바 지역에서는 1년에 4,000여 명의 농민들이 목숨을 끊었습니다. 1995년 이후 약 25만 명의 농민들이 빚 때문에 스스로 목숨을 끊는 극단적인 선택을 했습니다.* 과연 이런 일들이 왜 일어난 것일까요?

왜 인도 농민들의 삶은 불안해졌을까

이야기는 1995년으로 거슬러 올라갑니다. 그해 인도 정부는 회원국들 사이의 무역 장벽을 낮춰 자유로운 무역을 지원하는 세계무역기구(WTO)에 가입하고 인도 농업시장을 개방했습니다. 그 후 인도는 농업에 대한 보조금을 점차 없앴지만 값싼 미국산 목화가 들어오게 되면서 인도 목화의 가격은 폭락했습니다.

문제는 그뿐만이 아니었습니다. 미국의 다국적기업은 자신들이 판매하는 유전자 변형 목화 씨앗을 심으면 생산량이 증가할 거라고 대대적인 광고를 했습니다. 인도 정부 농민들이 유전자 변형 씨앗을 심으면 정부 지원금과 비료, 농약 등을 보조해주었습니다. 많은 농민들이 수천 년 동안 써왔던 토종 씨앗을 버리고 미국 다국적 기업의 씨앗을 사용하게 되었습니다.

해충에 강하다는 광고와는 달리 새로운 씨앗을 심은 이후 열매 안에 벌레가 파고들어 열매가 떨어져버리는 헬리오티스라는 병이

● ● ● ● ● ●

*프랑코 비포 베라르디, 송섬별 옮김, 『죽음의 스펙터클』, 반비, 2016, 215쪽.

크게 나돌았고, 그 병충해를 막기 위해 또다시 엄청난 농약 값이 들게 되었죠. 이전에 비해 농사짓는 비용은 두 배나 더 들었지만 오히려 생산량은 절반으로 줄게 되었습니다. 이렇게 토종 종자 대신 다국적기업의 종자와 농약을 사는 농민들은 끊임없이 빚을 지게 되었고, 많은 농민들이 자살이라는 극단적인 선택을 하게 된 것입니다.* 목화 농사를 짓는 농민들의 90%가 빚에 허덕이는 상황에서 이제 인도 농민들은 다른 돌파구를 찾아야겠죠?

안정된 삶을 위한 다른 방법은 없을까

인도 농민들은 그 대답을 공정무역에서 듣게 됩니다.

인도의 공정무역 단체인 아그로셀(Agrocel) 산업회사는 목화 재배 농민들의 순수익을 증대시키는 목적으로 만들어졌으며 농민공동체에 기술 지원, 생산량 증대, 마케팅 등의 서비스를 제공해왔습니다.** 농민들이 지역 단위로 소규모 조합을 만들면 그들에게 필요한 농사 정보를 제공하고 새로운 기술을 가르치며, 또한 생산물을 판매할 수 있는 시장 개척까지도 지원을 해줍니다. 농민들은 이 기관을 통해 새로운 농업 기술들을 배워 유기농법으로 목화를 재배하게 되었습니다.

일반적으로 목화는 재배할 때 다른 작물에 비해 살충제나 제초

• • • • • •

*박경화, 『여우와 토종씨의 행방불명』, 양철북, 2010, 46~48쪽.
**박창순·육정희, 『공정무역, 세상을 바꾸는 아름다운 거래』, 시대의창, 2015, 55쪽.

수확한 목화를 옮기는 농부
목화는 병충해에 약해 많은 살충제를 사용한다. 그렇기 때문에 맨손으로 일하는 농부들의 건강에 치명적이다. ⓒ Die Zeit

제를 가장 많이 사용합니다. 인도 전체 살충제 소비량의 54%가 목화 재배에 사용된다고 하니* 그 양이 어마어마하겠죠? 그러다보니 손으로 목화솜을 따는 많은 농민들이 호흡기 질환을 호소하고 피부 알레르기로 고통을 받습니다. 사람뿐만 아니라 토양이 척박해지고 환경오염도 나날이 심해집니다.

하지만 유기농법으로 재배하면 물을 적게 이용할 수 있고 환경도 보호할 수 있습니다. 무엇보다 화학제품을 사용하지 않아 농민들의

• • • • • •

*FAIR TRADE ADVOCACY OFFICE, 한국공정무역연합 옮김, 『소비자와 생산자와 기업 모두에게 좋은 공정무역의 힘』, 시대의창, 2010, 182쪽.

건강도 지킬 수 있죠. 또한 유기농 면으로 인증을 받아 높은 가격으로 공정무역 시장에 판매하게 되어 농민들의 소득이 조금씩 늘어나기 시작했습니다.

필리핀 사탕수수 농부의 달콤한 이야기

생산자 이야기 2

내가 두 번째로 방문한 곳은 필리핀의 파나이 섬, 공정무역 설탕을 만들어 파는 곳이다. 한때 필리핀은 세계 설탕의 40%를 생산했다. 그들의 삶 속에 녹아 있는 설탕, 그리고 그 삶의 이야기를 들려줄 줄리네 가족을 만나러 이곳에 왔다.[*]

열대우림 사이로 드문드문 나무 집들이 있고 길 왼편으로는 사탕수수 밭이 넓게 펼쳐져 있다. 줄리네 집은 사탕수수 밭을 지나 길 안쪽에 있는 작은 2층집이다. 마당으로 들어서자 1층 마루에 옹기종기 모여 앉아 있는 줄리네 가족들이 보인다. 집으로 들어가 가족들과 인사를 나눈 뒤 줄리의 할아버지께 마을에 대한 이야기를 들려달라고 부탁드렸다.

* * * * * *

[*] 박창순·육정희, 『공정무역, 세상을 바꾸는 아름다운 거래』, 시대의 창, 2015와 KBS 다큐3일, 〈파나이 섬의 이상한 설탕공장〉, 2012. 1. 8. 방송을 참고하여 책과 영상에 실린 사람들의 실제 이야기를 인터뷰 형식으로 재구성했다.

달콤한 설탕에는 힘겨웠던 삶이 녹아 있어요

오시는 길에 보셨는지요? 저희 섬엔 사탕수수 밭이 많습니다. 아주 오래전부터 그랬지요. 200년이 훨씬 지났군요. 영국과 미국사람들이 우리 땅을 사들여 사탕수수 밭으로 만들고 설탕공장을 지었어요. 그 때문에 이곳 사람들은 땅을 잃고 설탕을 만드는 일꾼이 되었지요. 일 은 정말 힘들었어요. 푹푹 찌는 더위에 무거운 사탕수수를 베어 나르 고 뜨거운 설탕 솥을 옮기는 일을 끝없이 했지요. 당시 우리들의 삶은 노예나 다름없었습니다. 고된 일을 쉴 새 없이 하고도 손에 쥐는 건 단 몇 푼이었으니까요.

누구도 우리들을 사람으로 대접해주지 않았어요. 어린 저조차도 일 터에 나가야 할 정도였지요. 하지만 우리들은 그 일을 하지 않고는 당 장 먹고살 길이 없었답니다. 할 수 있는 다른 일은 없었어요. 가진 땅 은 모두 사탕수수 밭으로 빼앗긴 뒤였으니까요.

그런데 언제부턴가 설탕 값이 점점 낮아지더니 결국 설탕공장들이 하나둘 문을 닫게 되었어요. 줄기차게 나르던 설탕 포대들이 점점 줄 고 앞다투어 설탕공장을 지으러 왔던 사람들도 떠나자 공장은 멈추고 사탕수수 밭만 덩그러니 남겨졌어요. 그 사람들이 떠난 땅을 되찾을 수 있다는 작은 희망도 가져봤지만 잘되진 못했어요. 그리고 우리는 더 가난해졌습니다. 숲에서 따온 바나나, 고구마, 카사바 같은 것을 채 취해서 쌀로 바꿔 먹었어요. 우리가 살던 땅이었고, 우리가 땀 흘려 일 했던 땅인데도 되찾을 수 없다니 무척 실망했었어요. 농사지을 땅도 일터도 모두 우리에게 아무것도 남아 있지 않았기 때문이지요.

그때부터 손녀 줄리가 태어난 뒤까지 어른 아이 할 것 없이 먹을 것을 구하러 다녔고 굶는 날이 많았어요. 우리들의 땅이었지만 되찾을 수도 없게 된 채 남아 있는 사탕수수 밭을 보면 깊은 한숨이 절로 나왔지요. 그렇게 달콤한 설탕에는 우리의 힘들었던 삶이 녹아 있답니다. 나야 몇 안 되게 남아 있던 오래된 설탕공장에서 쉬지 않고 일을 해서 7남매를 길렀지만 몸이 성한 곳이 없어요. 그나저나 우리 애들은 더 나은 삶을 살아야 할 텐데…….

고달픔과 답답함 그리고 걱정. 드넓은 사탕수수 농장에 배어 있는 그의 깊은 한숨을 보니 하루빨리 이들의 삶이 더 나아지기를 바라는 마음이 간절해졌다. 줄리의 가족들이 옹기종기 모여 앉아 있던 마루가 문득 작게 느껴진다.

그때 마침 일을 마치고 돌아오는 줄리의 아빠가 나에게 반갑게 인사를 건넨다. 설탕공장에서 일을 하고 돌아오는 길이라며 자신을 소개하는 말에 내 눈이 휘둥그레졌다. 그런 나를 보고 줄리의 할아버지께서는 새로 지은 설탕공장 이야기를 꼭 들어보라며 자리를 마련해주셨다.

설탕을 만드는 일이 나의 삶을 달라지게 했어요

새로 지은 설탕공장 말씀이십니까? 그 이야기라면 얼마든지 해드릴 수 있지요. 무엇보다도 이 공장은 우리에게 제대로 된 일자리를 제공해주었어요. 사탕수수는 수확 시기 등 제한된 시기에만 노동력이 필요해요. 그래서 꾸준히 일을 할 수가 없었죠. 하지만 이곳에 설탕공

파나이 섬의 공정무역 설탕공장
이 공장에서 만든 설탕은 품질을 인정받아 좋은 값에 팔리게 되므로 노동자들에게는 정당한 대가를 지불할 수 있게 된다. ⓒ 두레생협

장이 생기고 이제 안정되게 돈을 벌며 살 수 있게 되었답니다. 이 공장은 부모님이 일을 하시던 시절의 공장과는 아주 달라요. 전엔 아무리 일을 해도 제대로 된 임금을 받을 수도 없었어요. 일하는 기계 같았지요. 예전에는 일을 해도 굶는 날이 많았다는 이야기를 아버지로부터 들으셨을 거예요.

하지만 지금 다니는 공장에서 일을 하면서 그런 걱정은 없어졌어요. 나와 우리 가족들이 먹고살 수 있을 만큼의 돈을 받을 수 있기 때문이지요. 정당한 대가를 받으면서 말이에요. 더 이상 불안하고 배고프게 살지 않아도 되어서 정말 행복합니다. 저뿐만 아니라 이 공장에 다니는 다른 동료들도 마찬가지일 거예요.

지금은 우리도 공장 운영에 참여할 수 있어요. 얼마 전에는 공장 운영을 통해 얻은 수익 중 일부를 적립한 돈으로 마을 회관을 만들기로 결정하는 자리에도 참석했답니다. 마을의 공동 펌프 시설도 이 기금으로 설치했죠. 설탕을 만드는 새 공장이 우리 마을을 달라지게 할 줄이야 누가 알았겠어요.

한쪽에서 재잘거리는 아이들의 소리가 들려왔다. 어려운 시절에 굶기도 했을 그의 아이들이다. 가까이 가서 보니 서로 새로 산 신발을 자랑하고 있다.

"공장 덕분에 아이들의 삶도 많이 달라졌어요. 한번 직접 들어보시겠어요? 줄리야, 이 아저씨께 그동안 있었던 일에 대해 말씀드려주겠니?"

가무잡잡한 얼굴에 동그란 눈을 반짝이며 줄리가 다가와 이야기를 늘어놓는다.

"아저씨, 오늘 산 운동화예요. 정말 예쁘죠? 제가 신던 신발은 너무 더럽고 찢어졌어요. 이걸 신고 학교에 갈 거예요. 아까 엄마께서 내일부터 학교에 다닐 수 있다고 했어요. 전에는 사탕수수 밭에 가서 일을 했는데 이제는 그러지 않아도 된대요."

줄리의 새 신발과 헌 신발을 보는 것은 마을의 어제와 오늘을 보는 것 같았다. 줄리에게도 더 많은 이야기를 듣고 싶어졌다.

"전에는 사탕수수 밭에 가서 너는 어떤 일을 했었니?"

더 이상 일하러 다니지 않아도 된대요

사탕수수 밭에 가면 키 크고 굵은 사탕수수들이 있어요. 그걸 언니들이랑 같이 잘라서 저쪽 창고에 가져다 놓았어요. 몇 개 가져다 놓으면 창고 주인아저씨가 돈이나 먹을 것을 주셨어요. 배가 너무 고파서 언니들이랑 일을 한 거예요. 아침에 일어나면 어른들은 일터로 가시고 우리들은 동네 여기저기를 돌아다니면서 나무 열매 같은 먹을 만한 게 있나 숲속에 찾으러 다니기도 하고 밭에 가서 일을 구해보기도 했어요. 일도 못 구해서 하루 종일 돌아다니기만 하고 굶은 적도 많았어요.

근데 지금은 괜찮아졌어요. 아빠가 이제 돈을 많이 벌어 오셔서 저희는 더 이상 일하러 다니지 않아도 돼요. 새 공장은 수익금 중 일부를 사용해서 마을에 학교도 지어주었어요.

아 참, 집 옆에 빈 땅 보셨어요? 그 땅은 우리 집 어른들이 공장에서 번 돈을 조금씩 모아서 산 땅이에요. 조금 있으면 어른들이 그 땅에 농사도 지을 거래요. 언니들이랑 배고파서 숲속에서 먹을 걸 찾아다녔는데 이제 벼농사를 지으면 밥도 마음껏 배불리 먹을 수 있을 것 같아요.

학교도 다니고 먹을 것도 많고 너무 좋아요. 새로 생긴 공장에서 만든 설탕이 잘 팔렸으면 좋겠어요. 더 좋은 일이 많이 생길 수 있게요!

이야기를 하는 내내 싱글벙글 한 줄리의 표정이 이곳 사람들의 기대와 희망을 보여주는 듯했다. 절망과 희망이 함께 녹아 있는 설탕. 새로 생긴 공장과 그곳에서 만든 설탕을 어서 맛보고 싶어졌다.

사탕수수 노동자들의 삶을
달라지게 한 것은 무엇일까

　가난과 기아라고 하면 아프리카를 떠올리겠지만 필리핀 네그로스 섬도 그런 어려움을 겪은 곳입니다. 설탕산업의 붕괴와 태풍으로 인해 가난해졌고 먹을 것을 얻기 위해 빚을 지거나 가진 땅을 팔아야 했습니다. 이렇게 어려움에 빠진 사람들을 위해 설립된 것이 바로 대안무역그룹(Alter Trade Group)입니다. 대안무역그룹은 설탕 생산과 판매에 관한 연구, 농민들의 농지 확보를 위한 대출, 농업 기술 교육, 각종 지역 발전을 위한 기금을 지원해줍니다.

　특히 사탕수수 농민들이 스스로 생산자 조합을 만들어 농장 운영이나 공동체 활동에 적극적으로 참여하여 삶의 터전을 발전시킬 수 있도록 도움을 줍니다. 또 생산자들이 경제적으로 안정된 생활을 할 수 있도록 생산물 품질 보증을 해주고 공정한 가격을 받을 수 있도록 지원합니다. 그 결과 많은 농민들이 유기농 재배를 시작하고 농장관리 능력이 생기면서 수입도 늘어났다고 합니다. 생계를 안정적으로 꾸려나가고 자녀들을 학교에 보낼 수도 있게 되었습니다. 함께 번 돈을 모아 펌프를 설치하거나 수로를 정비하고 교육 시설이나 의료 시설을 세우며 공동으로 사용할 수 있는 트럭이나 트랙터를 사기도 합니다.

공정무역 단체인 대안무역 그룹은 이렇게 사탕수수 노동자들이 더 나은 삶을 살 수 있도록 도움을 주고 있습니다.

사람과 땅을 건강하게 해주는 설탕이 있다

현대적 방식으로 각종 공정에 화학약품을 섞어 만든 백설탕은 사람들의 건강에 해롭습니다. 반면 전통 방식으로 만들어낸 갈색 설탕에는 각종 미네랄 함유량이 높아 건강에 좋습니다. 이 때문에 유럽 등 많은 국가의 소비자들은 전통방식으로 생산된 필리핀의 마스코바도 설탕을 구입합니다.

마스코바도 설탕을 만드는 과정을 살펴볼까요? 우선 사탕수수 즙을 짜내 불순물을 걸러낸 뒤 가열합니다. 처음에는 맑은 물 같았던 즙이 끓이는 과정에서 걸쭉해집니다. 다 끓은 설탕을 넓은 판 위에 붓고 여러 사람이 오랜 시간 동안 뒤집고 저어 말린 뒤 가루로 만드는 것입니다. 이 과정에서 화학약품 대신 라임을 넣어 산도 조절과 불순물, 박테리아 균을 처리하고 코코넛 밀크를 이용해 설탕의 향과 단맛을 냅니다.

무엇보다 설탕의 원료가 되는 사탕수수가 유기농법으로 재배됩니다. 해충 제거나 영양소 공급을 위해 유기농 농약과 비료를 사용하는 것입니다. 유기농 비료는 소, 물소와 같은 동물의 분뇨와 설탕을 만들고 난 찌꺼기 등을 혼합하여 만듭니다. 이 비료를 사용하면 사탕수수를 잘 자라게 하는 것은 물론 토양까지 건강하게 해줍니다.

제6장

공정무역
소비자 이야기

– 영국과 한국에서 만난 사람들

"남이 흘린 땀에 대한 정당한 노동의 대가를
꼭 지불해야 합니다."
– 공정무역 제품을 구입한 중학교 2학년 학생의 소감 중에서

영국에서 만난 마샤의
공정무역 이야기

"얼마예요?"

역에서 지하철을 기다리고 있던 마샤는 플랫폼 안쪽에 위치한 간이 판매대에서 공정무역 주스 한 병과 아몬드 초콜릿 한 봉지를 샀다. 간이 판매대 앞에는 출근 길에 잠깐 들른 사람들로 북적였다. 상큼한 주스 한 모금을 머금자 남아 있던 피곤이 싹 물러나는 듯했다. 여느 때와 다름없는 신선한 맛에 마샤는 기분이 좋아졌다. 오늘 아침 그녀는 우간다와 페루에 있는 소규모 협동조합의 소중한 고객이 되었다.

공정무역 제품이 보편화된 런던의 슈퍼마켓
런던의 학교나 공공기관의 매점, 그리고 마을 곳곳에 있는 슈퍼마켓에서는 공정무역 제품들을 쉽게 찾을 수 있다.

딩딩딩. 지하철이 들어오는 신호가 역 안에 울렸다. 마샤는 들고 있던 초콜릿 봉지를 어깨에 메고 있던 인도의 이름 모를 장인이 만든 공정무역 가방 속으로 집어넣었다.

아침 9시, 마샤는 랭커셔의 작은 마을인 가스탱 의회의 기록실로 들어갔다. 이곳이 그녀의 직장이다. 오늘의 주요 업무는 곧 열릴 2주간의 공정무역 행사를 위한 자료를 정리하는 것이다. 각종 영상자료와 출판물들로 가득 찬 기록실에서 필요한 자료들을 검색했다. 10페이지 분량의 검색 결과가 컴퓨터 모니터에 떴다. 연도별로 필요한 자료의 위치를 메모하다가 제일 마지막 페이지의 2000년 자료가 눈에 들어왔다.

2000년에 있었던 공정무역 행사는 마샤에게 잊을 수 없는 기억으로 남아 있다. 국제적인 빈민구호단체인 옥스팜 관계자들이 랭커셔의 지역사회 인사들을 식사에 초대하는 이벤트를 마련했다. 이 행사는 마샤가 공정무역을 깊이 공감하고 적극적으로 참여하게 하는 계기가 되었다. 그녀는 시청 직원들과 함께 참석을 했다. 멋지게 차려진 테이블에는 오늘의 메뉴와 원산지가 쓰인 작은 푯말이 세워져 있었다. 가스탱에서 생산된 소고기에 채소를 곁들인 메인요리와, 아프리카·남아메리카·동남아시아 등에서 생산된 바나나·초콜릿·원두로 만든 디저트가 소개되어 있었다. 공정무역 상품과 가스탱에서 생산된 상품들로 차려진 식사를 기분 좋게 마친 그녀는 멀게만 생각하던 공정무역 운동이 가깝게 느껴졌다. 그동안 보도자료를 통해 공정무역의 필요성에는 공감했지만 어떻게 실천해야 할지 몰라 어렵게만 생각했기 때문이다. 옥스팜 관계자는 매일 마시고 먹던 것들의 브랜드를 바꾸기만 하면 공정무역 실천가가 될 수 있다고 역설했다. 나의 필요에 의해 사는 행위가 나를 보다 의식 있고 좋은 소비자로 만들어준다니 뿌듯했다.

"개도국 생산자들에게 공정한 가격을 지불하자는 공정무역 운동은 정당한 가격을 받고자 애쓰는 우리 가스탱 농민들의 노력과 같습니다."*

관계자의 설명에 마샤는 감자 농사를 지으시는 할아버지를 떠올렸다. 수확할 때가 되면 늘 가격 때문에 걱정을 하시곤 했다. 비록 얼굴을 모르는 먼 이국의 생산자이지만 그에게 이 커피 한 잔이 얼마나 소중한 생산물일까? 연회장을 나오자 출구 앞에 있는 테이블 주위에 사람들이 모여 있었다. 그 테이블에는 '공정무역 제품을 사용합시다'라는 문구가 붙어 있었다. 가정과 직장에서 공정무역 제품을 사용하겠다는 서명을 받는 중이었다. 마샤와 시청 직원들은 즐거운 마음으로 서명을 하고 나왔다.

이 행사를 계기로 가스탱 마을이 세계 최초로 공정무역 마을로 지정되었다. 가스탱이 공정무역 마을로 성공적으로 자리 잡자 영국 공정무역재단은 또 다른 미래의 공정무역 마을들을 위한 인증 기준을 마련했다.

1. 지방 의회는 공정무역 지원법 및 결의안을 채택하고, 회의실, 사무실, 식당 등에서 공정무역 커피와 차를 사용한다.

● ● ● ● ● ●

* 존 보우스 외, 한국공정무역연합 옮김, 『공정무역은 세상을 어떻게 바꿀 수 있을까』, 수이북스, 2012, 113쪽.

2. 지역 내 상점과 카페에서 다양한 공정무역 상품을 판매하고, 음식 공급 업체에서도 공정무역 식재료를 구매할 수 있도록 준비해야 한다. 이때 그 대상은 해당 지역의 인구 규모에 따라 설정한다.

3. 지역 내 기업과 종교단체, 학교 등의 지역사회 기관에서 공정무역 상품을 사용한다.

4. 공정무역 캠페인이 대중매체에 보도되고, 자치단체가 앞장서서 지역주민의 지속적인 관심과 지지를 이끌어내도록 홍보한다.

5. 공정무역 운영 위원회를 별도로 구성하여 공정무역 마을의 지위를 유지, 발전시키기 위한 협력과 지원을 지속해야 한다.

　

자료를 정리하면서 마샤는 자신이 살고 있는 작은 마을이 공정무역이라는 가치 있는 소비의 선구자 역할을 하고 있다는 생각에 미소가 절로 번졌다.

　

"마샤, 점심 식사하러 가요."

오후 12시가 되자 사무실의 동료는 마샤에게 같이 식사를 하러 가자고 했다. 컴퓨터 앞에서 마을에 있는 쇼핑센터로 공정무역 행사에 대한 협조 공문을 보내던 마샤는 자리에서 일어났다. 동료들과 공정무역 행사 진행 계획에 대한 이야기를 나누는 사이 의회 건물 지하에 있는 직원 식당에 도착했다. 식당 입구에 붙어 있는 검정색 바탕에 연두색과 하늘색 도형이 새겨진 공정무역 인증 마크가 눈에 들어왔다. 인증 마크 아래에는 오늘의 메뉴와 공정무역 식재료에 대한 안내문이 게시되어 있다.

식사가 끝난 뒤 마샤는 동료와 함께 사무실로 올라왔다. 사무실 가운데 놓여 있는 작은 원탁에 앉아 티타임을 가졌다. 동료가 가져온 홍차를 뜨거운 물에 우리는 동안 마샤는 아침에 지하철역에서 산 아몬드 초콜릿을 테이블 위에 꺼내놓았다. 그녀는 홍차 티백 끝에 붙어 있는 공정무역 인증 마크와 스리랑카 홍차 협동조합의 이름을 보며 흐뭇한 미소를 지었다.

"내일 봐요. 마샤."

퇴근 후 마샤는 바쁜 걸음으로 의회 정문을 나갔다. 길 건너 맞은편 건물에 있는 미팅룸에 가는 길이다. 이곳에서 지난 몇 년간 마샤와 함께 공정무역 서포터 활동을 한 봉사자들의 모임이 있다. 모임에서 그들은 올해의 '공정무역 2주간 행사' 때에 부스를 설치할 계획을 세웠다. 공정무역에 대한 의견과 새로운 정보들을 공유하는 동안 그녀는 공정무역의 필요성과 가치를 새삼 느낄 수 있었다. 미팅 마지막에 서포터 팀장은 '나는 공정무역 서포터입니다'라는 스티커를 나눠주면서 주변 사람들에게 공정무역을 더 많이 알리자고 제안했다.

집에 들어가기 전 마샤는 근처 마트에 들렀다. 마트에 들어서자 공정무역 인증마크가 한눈에 들

영국 런던의 한 대형 마트에서 공정무역 제품을 구입한 소비자

런던에서는 동네 마트에서 손쉽게 공정무역 제품을 구입할 수 있다. 공정무역 인증 마크가 붙어 있는 제품을 주저 없이 선택하는 소비자들이 있기에 공정무역은 계속 성장할 수 있다. ⓒ영국공정무역재단

어왔다. 앞쪽 진열대에 다양한 공정무역 관련 상품들이 있었다. 그녀는 쇼핑 리스트를 보면서 공정무역 코너에서 와인 한 병, 쿠키 세 봉지, 바나나 한 송이, 면 티셔츠 한 장, 설탕 한 봉지, 향신료 몇 가지를 카트에 담았다. 예전보다 공정무역 제품들이 많이 늘어나서 요즘은 그녀가 필요한 대부분의 물건들을 공정무역으로 얻을 수 있게 되었다. 아무 생각 없이 내 필요에 의해 선택하던 물건들이 지금은 이름 모를 생산자가 보내준 선물처럼 느껴졌다. 그래서 물건을 고를 때에는 브랜드보다 그 상품의 생산자가 어느 나라의 누구이며 어떤 이야기를 담고 있는지에 더 관심이 간다.

쇼핑을 마친 마샤는 집에 오자마자 문 앞에 '나는 공정무역 서포터입니다'라는 스티커를 붙였다. 이미 많은 사람들이 공정무역에 대해 알고 있지만 아직도 모르고 있는 누군가를 위해 공정무역에 대해 알려주고 싶은 것이 많다.

세계 최초의 공정무역 마을은 어디일까

　여러분 집 주변에 공정무역 제품을 판매하는 곳이 있나요? 근처 마트에서 쉽게 공정무역 제품들을 만날 수는 있는지요? 아마도 대부분의 사람들이 "아니오"라고 대답할 것입니다. 하지만 "YES!"라고 대답하는 동네가 있습니다. 바로 영국 랭커셔의 가스탱(Garstang)이에요. 이곳은 인구가 5,000명이 조금 넘는 작은 마을입니다. 여러분이 살고 있는 지역과 비교해서 특별한 동네가 아닙니다. 오히려 평범하다고 생각될 정도로 조그만 마을이지요. 하지만 이 마을은 전 세계의 주목을 받았습니다. 바로 공정무역 때문이에요.

　2001년 11월 22일 가스탱은 공식적으로 '공정무역 마을'이 됩니다. 세계 최초로 선정된 곳이지요. '공정무역 마을'이란, 지역 단위나 기관 등에서 공정무역 마을이 되기 위한 일정 요건을 갖추고 지속적으로 지원을 하는 곳을 말합니다. 최초의 공정무역 마을

세계 최초로 공정무역 마을로 선정된 영국의 가스탱
가스탱은 2000년 4월 공정무역 마을 지정에 대한 찬반 투표 이후, 2001년 11월 세계 최초로
공정무역 마을로 선정되었다. 출처: www.garstang.net

인 가스탱은 공정무역 운동을 하던 일부 사람들에 의해 지정된 것
이 아니라 전체 마을 사람들의 동의가 있었기 때문에 가능했습니다.
2000년 4월에 있었던 공정무역 마을 찬반 투표에서 거의 만장일치
에 가까운 찬성표가 나왔습니다. 지금 현재는 영국은 물론이고, 벨
기에·프랑스·에스파냐·핀란드·미국·호주 등 25개국의 1,800여
개의 도시와 마을들이 참여하는 큰 운동이 되었어요. 그리고 해마
다 참여하는 마을의 수는 늘고 있습니다. 이 순간에도 세계 곳곳의
공정무역 마을들은 생산과 소비의 정의를 세우기 위해 이 운동을
몸소 실천하고 있습니다.

왜 영국에서 공정무역 운동이 활발할까

공정무역 운동은 어디에서 시작되었을까요? 바로 서구 산업사회입니다. 1950년대부터 의식 있는 소비자들에 의해 자생적으로 시작되었지요. 그리고 지금 현재 전 세계적인 운동이 되었습니다. 그중에서도 영국은 많은 사람들이 다양한 분야에서 공정무역 운동을 전개하고 있는 나라입니다. 특히 2012년 런던올림픽에서는 조직위원회가 약 1,400만 명 분량의 식품 재료 중 바나나, 초콜릿, 커피, 차는 공정무역 제품만 사용할 것을 결정하기도 했습니다. 이때 소비된 공정무역 커피가 약 1,400만 잔, 홍차가 약 750만 잔이었다고 해요. 영국이 지금처럼 활발하게 공정무역 운동을 전개하게 된 배경은 무엇일까요?

오늘날 많은 나라들이 채택하고 있는 자본주의 경제체제는 영국에서 긴 시간에 걸쳐 자리 잡았습니다. 자본주의 역사가 긴 만큼 그 이점과 폐해를 경험하면서 끊임없이 변화를 해왔죠. 이런 과정 속에서 영국인들은 그들 스스로 보다 정의로운 자본주의 체제를 만들기 위해 고민했습니다. 갈수록 심화되는 빈부격차와 대기업 자본의 횡포, 영세업자들의 부진은 비단 영국만의 문제는 아닙니다. 그들은 정치·사회의 변화와 함께 자연스럽게 발전시킨 자본주의를 긍정적으로 변화시키고 싶었습니다. 그리고 제국주의 시대에 여러 나라에게 피해를 주었던 만큼 국제문제에 높은 관심을 보이는 것 또한 활발한 공정무역 운동과 무관하지 않아요.

이외에도 최근에 발생하고 있는 자본주의와 자유무역이 야기한 문제점에 대한 반성, 국제 문제에 대한 일반 국민들의 관심, 공정무역 활동가들의 활발한 활동* 등이 복합적으로 작용했기 때문에 영국은 공정무역 운동이 가장 역동적으로 진행되는 나라가 되었습니다.

• • • • • • •

* 박창순·육정희, 『공정무역, 세상을 바꾸는 아름다운 거래』, 시대의창, 2010, 167쪽.

한국에서 만난 서영이의
공정무역 이야기

토요일 오후 3시, 중학교 2학년인 서영이는 친구인 예진이와 만났다. 두 사람의 오른편으로 다양한 모양의 모자를 파는 가게가 나오자 매콤한 연기를 모락모락 풍기는 닭꼬치 가게 옆으로 골목길의 담이 나왔다. 담벼락 중간에는 골목길 안쪽을 가리키고 있는 작은 표지판이 걸려 있었다. 알록달록한 '새 모양의 패널에 '행복한 가게, 공정무역 함께해요'라는 문구가 눈에 들어왔다. 표지판을 따라가보니 골목 안쪽에 자리한 공정무역 가게 문이 활짝 열려 있었다. 가게 밖에는 서영이보다 피부색이 짙은 사람들이 밝게 웃고 있는 포스터가 붙어 있었다.

안에 들어서자 공간은 좁았지만 여러 가지 물건이 진열되어 있었다. 초콜릿·견과류·옷·가방·팔찌·모자 등으로 가득 찬 가게 안에는, 몇몇 사람들이 물건을 고르고 있었다. 서영이도 친구와 함께 상품 앞에 놓인 설명을 읽으면서 물건들을 천천히 둘러보았다. 푯말

장평중학교 윤서영 학생의 공정무역 체험기

공정무역 제품을 처음 사본 서영이는 공정무역 제품의 높은 질과 디자인에 놀랐다. 또한 원산지를 정확히 알 수 있는 재료로 건강하게 만들기 때문에 믿고 살 수 있었다고 한다. 앞으로는 공정무역 제품에 대한 홍보가 더 되어서 가난한 노동자들이 한결 살기 좋아지기를 바랐다.

에는 상품을 만든 사람에 대한 이야기와 사진이 담겨 있었다. 설명을 보니 제품에 더 신뢰가 가는 기분이었다. 가게 안에 진열된 상품들은 비록 물건이지만 사람의 온기를 고스란히 품고 있는 것 같았다. 고민 끝에 서영이는 페루에서 온 동물 모양의 동전지갑을 고르고, 예진이는 네팔에서 온 토끼 모양이 달려 있는 볼펜을 들었다. 계산을 하고 나오면서 둘은 반가운 친구를 만난 것 마냥 들떠서 서로 산 물건들을 바꿔보았다. 감각적인 디자인에 높은 질을 가지고 있는 상품들이 마음에 쏙 들었다. 더불어 생계가 어려운 생산자들을 도왔다는 기쁨에 기분은 두 배로 좋아졌다.

일요일 오후 5시, 서영이는 엄마와 함께 대형 마트로 장을 보러 갔다. 에스컬레이터를 타고 내려가자 마트 입구가 보이기 시작했다. 그런데 평소와는 다르게 사람들이 마트 입구 쪽에 모여 있었다. 궁금해진 서영이가 엄마보다 먼저 에스컬레이터에서 내려 사람들의 틈에 자리를 잡았다. 맞은편에 며칠 전까지 공사 중이었던 커피 매장이 문을 연 것이었다. '공정무역 카페'라고 쓰여 있는 카페에서 풍기는 커피 냄새가 마트 입구까지 쭉 이어지고 있었다.

　"서영아, 우리도 뭐 하나 마실까?"

　어느새 서영이를 쫓아온 엄마가 사람들이 줄을 서 있는 계산대 쪽을 가리키면서 물었다.

　"아메리카노 한 잔이랑 핫초코 하나 주세요."

　계산을 하는 엄마 옆에 서 있던 서영이의 눈에 계산대 앞에 붙여 놓은 문구가 들어왔다.

　'공정무역 원두로 맛있게 볶았습니다.
　공정무역 커피 한 잔으로 세상을 바꾸세요.'
　'공정무역 카카오를 가득 담았습니다.
　공정무역 핫초코 한 잔으로 따뜻한 세상을 만들어요.'

　따뜻한 핫초코를 받아들고 조심히 한 입을 마셨다. 저도 모르게 입꼬리가 올라가는 기분 좋은 맛이었다. 코끝을 킁킁거리며 달콤한 핫초코 향을 맡고 있는데 엄마의 목소리가 들렸다.

　"이게 공정무역 커피라는데 그게 뭔지 아니?"

엄마의 물음에 사회시간에 선생님께서 하신 말씀이 어렴풋이 기억났다. 공.정.무.역. 공정한 거래방식을 통해 어려운 사람들을 돕는 무역. 무조건적인 원조가 아닌 계속 살아갈 의지를 돕는 착한 소비라는 것. 마트로 들어가면서 서영이는 머릿속에 떠오르는 공정무역 이야기를 엄마에게 들려주었다.

"엄마가 우리 서영이한테 배웠네. 이 커피가 그런 의미를 가지고 있구나. 다음에 또 먹어야겠다."

어느새 우리 곁에 다가온 공정무역

우리나라에서도 공정무역 상품을 구할 수 있느냐고요? 당연하지요. 우리나라에서도 공정무역 상품을 구입할 수 있습니다. 하지만 공정무역 상품을 구하기 위해서는 약간의 수고가 필요합니다. 우선 팔고 있는 가게를 찾아야 합니다. 대부분의 매장이 대도시에 위치하고 있지요. 작은 마을에 살고 있다고 해서 낙심하지는 마세요. 인터넷 접속이 가능한 지역이라면 온라인 몰에서 제품을 주문할 수 있습니다. 인터넷이 되지 않는 작은 마을에 살고 있다고 해서 여러분이 공정무역 상품을 만날 수 없는 것은 아닙니다. 공정무역에 대한 작은 관심과 그 상품을 이용하고자 하는 의지만 있다면 언제 어디서든지 만날 수 있어요.

우리나라에서 공정무역 운동이 활기를 띠기 시작한 것은 2000년대 중반 이후부터입니다. 이미 공정무역 운동을 활발하게 전개하고 있던 나라들에 비하면 늦은 출발이기는 했지만 공정무역에 대한 시민들의 인지도와 제품의 판매수치는 매년 가파르게 증가하고 있답니다. 이제는 사회 교과서에서 공정무역을 만날 수 있게 될 정도로 익숙한 개념이 되었지요.

우리 사회 속에 들어와 어느새 친구가 된 공정무역. 우리는 경제적으로 힘든 시절을 지나 눈부신 경제성장과 함께 과거와는 비교도 안 될 정도로 높은 삶의 질을 갖게 되었습니다. 이제는 주변을 돌아보며 커피 한잔을 할 여유가 생겼지요. 이런 사회적 분위기는 공정무역을 지지할 토대를 마련해주었습니다. 나의 삶이 아닌 다른 이들의 삶을 생각하게 되었지요.

한국에서의 공정무역 운동이 본격적으로 시작하게 된 것은 2002년 영국에서 만들어진 국제적인 빈민구호단체 '옥스팜'이 제6회 서울평화상을 수상하게 되면서부터입니다. 당시 옥스팜의 회장이

서울평화상을 받는 옥스팜의 바버라 스토킹 회장
스토킹 회장은 수상 소감에서 옥스팜의 공정무역 캠페인을 소개했다. 이 소감은 한국에 공정무역을 알리는 데에 중요한 역할을 했다. ⓒ 연합뉴스

었던 바버라 스토킹은 수상 소감에서 옥스팜의 공정무역 캠페인 "Make Trade Fair"를 소개했어요.

오늘 주어지는 이 상이 '평화상'이기에 우리의 기쁨은 더 클 수밖에 없습니다. 옥스팜은 전 세계 분쟁 지역에서 활동합니다. 무엇보다도 가슴 아픈 일은, 이런 지역의 많은 어린이들이 교육을 받지 못하고 있다는 점입니다. 그리고 그 아이들은 가슴속에 증오를 품으면서 자라나고 있습니다.

(중략) 과거의 경험을 통하여 옥스팜이 깨달은 사실은, 이 사람들이 겪고 있는 가난이 대부분 이미 부유한 사람들 위주로 운영되는 세계의 규칙들에 의해 빚어졌다는 점입니다. 특히 가난한 나라들이 진정으로 필요로 하는 것은 원조가 아니라, 공정한 무역 규칙이라는 사실을 우리는 알게 되었습니다. 국제 옥스팜 가족들과 함께 일하는 영국 옥스팜은 불공정한 규칙들의 시정을 목표로 "Make Trade Fair"라는 공정무역 캠페인을 벌이고 있습니다.

(중략) 지금 시행 중인 무역 규칙들은 가난한 사람들이 가난에서 벗어날 수 있는 기회를 앗아가고 있습니다. 그들은 몸을 아끼지 않고 일하고 노력하고 있는데도 말입니다. 그렇습니다. 가난한 사람들을 가난하다고 비난해서는 안 됩니다. 잘못된 세계 무역 규정들을 바로잡아서 가난한 사람들이 가난에서 벗어날 수 있는 기회를 주어야 합니다. 그들이 지닌 막대한 개인적 역량을 발휘해서 가난에서 벗어날 수 있도록 해주어야 합니다.

— 바버라 스토킹. 2002. 서울 평화상 수상 소감문

빈민구호 단체이자 세계 공정무역의 선구자 역할을 한 옥스팜 회장의 소감은 언론을 통해 보도되었습니다. 우리 사회에도 서서히 공정무역이 알려지기 시작했지요. 그렇게 시작된 공정무역 시장은 다른 어느 나라보다도 비약적으로 성장하고 있습니다. 2008년부터 매년 5월 둘째 주에는 세계 공정무역의 날 한국페스티벌이 열려 많은 사람들에게 공정무역을 알리는 연례행사로 자리 잡았습니다.

사업체 협의기구인 한국공정무역단체협의회(KFTO)에 따르면, 회원사의 매출 합계가 2009년 55억 원에서 꾸준히 성장해 2015년 기준으로 약 160억 원의 시장규모를 가지게 되었다고 해요. 공정무역 시장의 비약적인 성장은 1997년 IMF 위기 이후 시장경제체제에 대한 성찰과 그동안의 무역 활동에서 제기된 전반적인 문제점을 인식하게 된 우리 시민사회의 수준 향상과 관련이 있습니다. 이제는 지방자치단체 차원에서 공정무역을 알리며 적극적으로 이끌고 있습니다.

박원순 서울시장은 2012년 세계 공정무역의 날에 '공정무역 도시, 서울'을 선포했어요. 그 뒤 2013년에는 서울시청 시민청에 공정무역 가게인 지구마을이 문을 열었지요. 2015년 12월에는 공식적인 공정무역 도시로서 인정받겠다는 선언문을 발표했습니다. 세계공정무역기구(WFTO)에서 인정하는 '공정무역 마을'은 몇 가지 심사조건을 가지고 해당 도시를 평가한 뒤 지정하고 있습니다. 이에 따라 서울시에서는 관련 조례를 제정하고, 운영위원회 구성과 커뮤니티 조성, 공정무역 센터 설립 등의 노력을 하고 있답니다.

'공정무역 도시, 서울' 선언에 발맞추어 서울시 성북구에서는 아시아 최초로 공정무역 자치구를 표방하며 공정무역을 사회적 경제

2012년 12월 '공정무역 도시, 서울' 추진을 선언한 서울시장
서울시청에서 열린 '2012년 세계 공정무역의 날, 한국 페스티벌' 개막식에서 박원순 서울시장
이 홍보대사들과 함께 공정무역도시 서울 추진을 선언했다. ⓒ 연합뉴스

사업의 일환으로 지원하고 있습니다. 공정무역 선도구로서 기초지
방단체 최초로 2012년 공정무역 지원 및 육성에 관한 조례를 제정
하여 공포했으며, 2016년 공정무역 센터를 열어 공정무역 체험과
교육, 판매 목적의 복합문화공간을 운영하고 있지요. 이처럼 공정무
역은 지방자치단체 차원의 사업으로 선정될 정도로 우리 사회가 그
필요성을 인식하고 적극적으로 실천하고자 노력하고 있습니다.

　우리 사회에서 공정무역을 가장 활발하게 전개하고 있는 주체
가 시민사회라고 하는 데에 주목해야 합니다. 비록 출발은 늦었지
만 좋은 것은 다 같이 해야 한다는 생각들이 모여 정의로운 소비 사
회를 만들어가고 있어요. 또한 국제무역의 불평등 문제를 관심 있
게 지켜보고, 직접적인 해결책이 될 수 없는 국제 구호 활동의 한계
속에서 더 구체적인 활동으로 대안을 마련하기 위해 노력한 우리의

시민사회가 있기에 이러한 성장이 가능했던 것입니다. 우리 한 사람, 한 사람이 바로 공정무역을 이끌고 있는 시민사회의 주체임을 잊지 말아요.*

<hr />

＊오수진,「한국 공정무역과 시장 공공성에 관한 연구」, 고려대학교 석사학위 논문, 2011.

한국에서 공정무역 제품을
만날 수 있는 곳은 어디일까

여러분이 주변에서 공정무역 제품을 만날 수 있는 곳은 어떤 곳들이 있을까요?

기아대책 행복한나눔, 두레 APNet, 아름다운커피, 아시아공정무역네트워크, 아이쿱생협, 페어트레이드코리아 그루, 한국YMCA피스커피, 더페어스토리, 얼굴있는거래, 어스맨 등으로 앞으로 계속 늘어날 것입니다.

주변에 공정무역 제품을 판매하는 매장이 없다고요?

걱정 마세요. 백화점이나 대형 마트의 식품 코너, 유명 커피 전문점, 편의점, 동네 카페 등 우리가 모르는 사이에 공정무역은 우리 곁으로 가까이 다가와 있습니다. 그중 두 곳을 만나볼까요?

아름다운커피에서 판매하고 있는 공정무역 커피
한국 최초로 공정무역 운동을 시작하여 네팔의 공정무역 커피 상품을 판매하고 있다.
ⓒ 아름다운커피

우리나라 공정무역의 선두주자, 아름다운커피

아름다운커피가 만들어지게 된 계기는 무엇인가요?

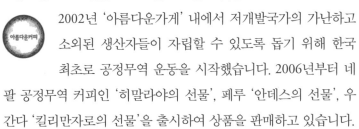

2002년 '아름다운가게' 내에서 저개발국가의 가난하고 소외된 생산자들이 자립할 수 있도록 돕기 위해 한국 최초로 공정무역 운동을 시작했습니다. 2006년부터 네팔 공정무역 커피인 '히말라야의 선물', 페루 '안데스의 선물', 우간다 '킬리만자로의 선물'을 출시하여 상품을 판매하고 있습니다.

소비자에게 공정무역 제품을 어떻게 알리고 있나요?

대형 할인 마트부터 유기농 전문샵, 마을 카페까지 온·오프라인에 1,300여 채널이 입점하여 소비자를 찾아가고 있습니다. 또한 시민을 대상으로 하는 교육과 캠페인을 통해 공정무역 가치 확산은 물론 공정무역 상품을 소개하여 구매까지 이어질 수 있도록 노력하고 있습니다.

앞으로 아름다운커피의 발전 방향에 대해 말씀 부탁드립니다.

 지속가능하며 더불어 사는 세상을 꿈꾸는 공정무역 전문 재단법인으로서 장기적인 파트너십에 기반한 거래를 통해 빈곤을 극복하고 한국의 공정무역 운동을 선도하고자 합니다. 생산지 직접 지원에서부터 농부들 스스로가 공동체 발전의 지도자로서 성장할 수 있도록 돕고, 민주적인 생산자 조직을 운영하여 사회발전을 이끌 수 있도록 합니다. 소비자 대상으로는 공정무역 시민대사와 같은 공정무역 지지자들을 더욱 육성하고 다양한 시민운동 단체들과의 연대를 통해 공정무역 네트워크를 확대시킵니다. 또한 소비자의 요구에 맞춘 다양한 공정무역 상품을 개발하여 더 많은 소비자들이 윤리적 소비에 동참할 수 있는 공정한 시장을 만들어나가고자 합니다.

아름다운 로고가 인상적인 페어트레이드코리아, 그루(g:ru)

그루가 만들어지게 된 계기는 무엇인가요?

 페어트레이드코리아 그루는 2007년 5월 설립된 시민주식회사이자 사회적 기업으로서, 특히 아시아 여성들의 빈곤문제 해결에 초점을 맞추어 공정무역 사업을 전개하고 있습니다. 이를 위해 2008년 국내 최초로 공정무역 패션브

페어트레이드코리아 그루의 매장
빈곤국가의 가난한 여성들에게 지속가능한 일자리를 제공하고 전통기술을 살려 문화적 다양
성을 보존하고 있다. ⓒ 페어트레이드코리아 그루

랜드 '그루'(g:ru)를 출시했고, 네팔, 방글라데시, 인도 등 5개 국
가 여성생산자들의 전통기술과 현대적인 디자인을 접목한 친환
경 의류와 패션소품, 유기농 면제품, 리빙용품, 장난감, 화장품 등
을 선보이고 있습니다.

그루의 로고가 특이해서 눈길을 끕니다. 로고가 담고 있는 의미를
설명해주세요.

그루는 나무를 세는 단위입니다. [g:ru]에는 한 그루,
한 그루의 나무가 자라 숲을 이루듯이 한 사람, 한 사람
의 손길이 나무가 되어 숲을 이루려는 마음이 담겨 있
습니다. 또한 면, 울, 마, 실크 등 자연 소재를 사용하여 제작하는
자연주의 브랜드라는 것을 상징적으로 담고 있습니다.

여러 공정무역 제품 중 의류나 생활용품을 주로 판매하고 있는 이유는 무엇인가요?

 그루의 기본 미션은 빈곤국가의 가난한 여성들의 경제적 자립, 즉 지속가능한 일자리를 제공하는 것입니다. 공정무역은 원조가 아닌 무역입니다. 특히 패션에 주목한 이유는 패션상품들이 여성들의 일자리 창출에 가장 효과적이고, 전통기술을 상업화하여 보다 많은 부가가치를 낼 수 있기 때문입니다. 수공예 옷과 소품들은 생산의 전 과정이 여성의 손에 의해 통제되기 때문에 여성에게 직접적으로 이익이 돌아갈 수 있습니다. 또한 대를 이어 물려받은 전통 기술을 살려 문화적 다양성을 보전하는 데에도 기여할 수 있기 때문입니다.

생산자와 소비자는 어떻게 공정무역으로 연결되어 있을까

선재 이야기

"지난 시간에는 경제활동의 세계화에 대해서 배웠죠. 이번 시간에는 세계화에 따른 경제적 불평등에 대해서 이야기해볼까요?"

4교시가 시작되었다. 수업이 시작되자 선재는 책장을 넘겨 교과서를 폈다.

"세계화가 급속히 진행됨에 따라 국가 간의 무역량이 빠르게 증가하고 있습니다. 지난 시간에 WTO와 FTA에 대해서 이야기한 것을 기억하고 있나요?"

선생님의 눈길이 멈췄다. 아이들은 반사적으로 고개를 끄덕이면서 교과서를 뒤적였다.

"그래서 세계화가 진전될수록 선진 공업국과 개발도상국 간의 경제적 격차는 더욱 심화되고 있어요. 자, 여기를 볼까요?"

선생님의 손끝이 머문 곳에는 화면 가득 초콜릿, 축구공, 커피가 놓여 있는 사진이 있었다.

"지금 보이는 것들은 모두 공정무역 상품들입니다. 공정무역에 대해 들어본 사람 있나요?"

아무도 손을 들지 않았다. 아까보다 한결 더 조용해진 교실에 선생님의 목소리가 울렸다.

"공정한 거래를 통해 생산자에게 제값을 주고 산 상품은 그것 이상의 가치가 있습니다. 그저 하나의 쓰고 버려지는 물건이 아니라 만든 사람들의 삶과 땀이 녹아들어 있는 것이지요. 정당한 노동의 대가를 지불한 소비야말로 나와 내 주변을 생각할 줄 아는 의식 있는 소비자가 되는 길입니다. 여러분이 산 공정무역 초콜릿 하나가 지구 반대편에 있는 친구들을 행복하게 만들 수 있어요."

오늘은 유난히 학원에 가기 싫었다. 현관 앞에서 자꾸만 발을 신발 속에 넣었다 뺐다만 하고 있는 선재에게 엄마가 무언가를 바지 주머니 속에 꾹 넣어주었다.

"초콜릿을 좋아하는 우리 선재 생각이 나서 사왔어. 학원에 가면서 먹어."

옆으로 삐쭉 튀어나온 초콜릿이 만져지자 학원에 가기 싫은 불만도 입속에 들어온 초콜릿처럼 스르르 녹아버렸다. 초콜릿의 귀퉁이를 깨문 선재의 입이 바쁘게 움직였다. 녹기 전에 와그작 와그작 씹어 넘기는 초콜릿은 목구멍에 닿자마자 스르르 없어져버렸다. 달콤 쌉싸름한 것이 언제나 손길이 머물게 만드는 마법 같은 맛이었다.

포장지를 왼손 주먹 속으로 구겨 넣으려 할 때 무언가가 눈에 띄었다. 수업 시간에 배운 공정무역 인증 마크다! 학원 버스에 올라탄 선재는 초콜릿 포장지에 적힌 글자를 따라 읽기 시작했다.

"6%. 여러분이 지불하는 돈 중, 단 6%만이 농장의 노동자들에게 돌아갑니다. 5%. 전 세계 초콜릿의 5%만이 아동노동을 거치지 않은 제품입니다. 6과 5의 슬픈 진실을 극복한 이 초콜릿을 공정무역을 통해 정당한 방법으로 여러분께 전해드립니다."

모이슨 이야기

모이슨이 들고 있던 기다란 칼에 꼭지를 맞은 카카오가 떨어져 축축한 낙엽들 속에 파묻혔다.

"조심히 다뤄라!"

어두컴컴한 저기 어딘가에서 반장의 목소리가 들렸다. 카카오나무 위에 다리를 걸치고 매달려 있던 모이슨은 아래로 뛰어내렸다. 그 바람에 낙엽 부스러기가 다리 여기저기에 붙었다. 그녀는 왼손을 뻗어 럭비공같이 생긴 카카오를 주웠다. 아픈 다리를 부여잡고 비스듬한 자세로 줍다보니 어느새 발이 낙엽 속에 파묻혀 보이지 않았다. 제 발에 묻은 흙은 아랑곳하지 않고 카카오에 묻은 흙을 입고 있던 티셔츠 앞자락을 잡아당겨 쓰윽 문질렀다.

계속 거슬렸던 허벅지를 손등으로 툭툭 치면서 고개를 들어 하늘을 쳐다보았다. 하지만 하늘이 보이지 않았다. 하늘에서 내리꽂히는

코트디부아르 카카오 농장에서 일하고 있는 어린이
서아프리카 코트디부아르는 세계 1위의 카카오 생산국이다. 초콜릿의 원료인 카카오를 생산하
지만 초콜릿 하나를 사 먹지 못할 만큼 가난하게 살고 있다. 출처: http://totallycoolpix.com

밝은 햇살은 커다란 바나나 잎 사이사이로 스며들기 위해 애를 쓰
고 있었다. 하지만 어림도 없었다. 이곳은 직사광선을 싫어하는 카
카오를 위한 공간이었기 때문이다. 모이슨도 카카오처럼 햇빛을 그
리 좋아하는 편은 아니었지만 농장에만 오면 간절해졌다. 눈부신
햇빛과 함께 살랑 불어오는 바람 한 줄기가 어찌나 기다려지는지.

"모이슨, 뭐하냐?"

또다시 카카오나무 사이로 목소리가 새어나왔다. 그녀는 팔뚝으
로 대충 땀을 쓸어내고 바닥에 놓았던 칼을 잡았다. 다시 칼을 쥔
모이슨의 집게손가락이 물집 때문에 욱신거렸다.

드디어 쉬는 시간이다. 카카오 농장에서 쉬는 시간이란 곧 점심시
간을 의미했다. 흙이 튀거나 말거나 빠르게 움직인 모이슨의 발 덕
분에 그녀가 카카오 밭 밖으로 제일 먼저 빠져나왔다. 아침부터 받

지 못한 눈부신 빛을 온몸으로 받고 싶은 모이슨은 두 팔을 쭉 폈다. 그때 뒤늦게 나온 헤라를 보자 긴 팔을 휘저으며 팔짝팔짝 뛰었다.

둘은 카카오 농장 입구에 놓인 알록달록한 덩어리 중 익숙한 것을 찾아 들고는 자신들만의 식탁으로 갔다. 그곳에는 머리만한 돌이 네 개가 있었다. 모이슨은 이 넓은 밭에서 이보다 좋은 식탁을 찾을 수는 없다고 자부했다. 손수건을 펴자 주먹만한 딱딱한 빵 두 개가 나왔다. 배가 고팠던 그녀는 빵을 있는 힘껏 베어 물고는 입안에서 이리저리 굴렸다. 급하다고 바로 삼켰다가는 잘 씹히지 않는 빵 덩어리 때문에 아까운 물만 벌컥 들이켜야 했기 때문이다.

"모이슨, 그 얘기 들었어? 윗마을에 학교가 생긴대. 그…… 뭐라더라. 공정무역인가? 동네 사람들이 협동조합이라는 걸 만들었는데 거기서 번 돈으로 학교를 만드나봐. 나도 글자 배우고 싶은데. 내가 편지를 써주면 진짜 재밌겠지? 종이로 나누는 대화라니. 우리 마을에도 생겼으면 좋겠다. 그치?"

칼을 쥐지 않아도 두 발이 진흙으로 물들지 않아도 되는 시간, 그리고 무엇보다도 커다란 바윗덩어리 같은 삶의 무게를 덜어줄 수 있는 시간. 모이슨에게 학교에서의 시간은 그런 것이었다. 학교에 가고 싶었다. 그녀가 원하는 것은 단지 그것 하나뿐이었다.

선재와 모이슨의 이야기

"선재 왔니? 배고프지? 공부는 열심히 했어?"
현관문에 들어서자 텔레비전 앞에 앉아 있던 엄마가 다가와 선재의 어깨에 걸려 있던 가방을 받으면서 질문들을 쏟아냈다.

"그냥 그랬어. 매일 똑같지 뭐. 이건 뭐야?"

"공정무역 다큐멘터리야. 같이 볼래?"

모이슨과 헤라는 이제 글자를 읽고 쓸 수 있게 되었습니다. 이 아이들에게 미래는 더 이상 슬픈 단어가 아닙니다. 꿈을 키우고 실현시킬 수 있는 기대되는 내일입니다.

"제 이름은 모이슨이에요. 저는 간호사가 될 거예요. 그래서 농장에서 일을 하다가 다친 사람들을 무료로 돌봐주고 싶어요."

"저는 헤라예요. 제 꿈은 선생님이 되는 거예요. 저처럼 학교에 다니고 싶어 하는 아이들에게 공부를 가르쳐주고 싶어요. 어서 빨리 그런 날이 왔으면 좋겠어요."

공정무역 협동조합이 생기고 난 후 코트디부아르 달로아에 있는 이 작은 마을에는 학교가 생겼습니다. 다음 달에는 도로와 같은 사회기반시설도 들어설 예정입니다.

인터뷰를 마치면서 취재진은 마을 사람들에게 이곳에서 생산된 카카오 콩으로 만든 공정무역 초콜릿을 내밀었습니다. 처음 먹어본다며 웃는 그들의 표정에서 씁쓸한 과거를 딛고 달콤한 미래를 꿈꾸는 공정무역 초콜릿의 진정한 맛을 느낄 수 있었습니다.

선재가 살고 있는 한국은 초콜릿의 원료인 카카오가 생산되지 않는 곳이다. 하지만 그에게 초콜릿이란 마트에 가기만 하면 사먹을 수 있는 것이다. 초콜릿을 좋아하는 선재는 태어나서 처음으로 초콜릿을 먹은 것이 언제였는지 기억조차 나지 않는다.

Fairtrade Near You!

공정무역은 우리 가까이에 있습니다.

무역을 빈곤 해결의 수단으로 새롭게 바라보는 공정무역은 어려운 것이 아니다. 단지 우리의 소비 습관을 바꾸는 것만으로도 가능하다. 공정무역은 가난한 생산자들이 더 나은 미래를 위해 투자할 수 있도록 돕는다. ⓒ 국제공정무역기구 한국사무소 모이슨이 살고 있는 코트디부아르는 세계 최대의 카카오 생산지이다. 하지만 그녀에게 초콜릿이란 평생 동안 두어 번이나 먹어볼까 말까 한 귀한 것이다. 하루 400여 개의 카카오를 따지만 한 번도 초콜릿을 먹어본 적이 없었다.

모이슨에게 공정무역이란 새로운 삶과 꿈을 준 희망 그 자체였다. 선재에게 공정무역이란 수많은 초콜릿 상품 중 하나일 뿐이었다. 하지만 이제는 알고 있다. 초콜릿이란 이 세상 어느 누군가의 삶이 오롯이 담겨 있는 인생의 한 조각이라는 것을. 그리고 그 조각을 공정하게 나누는 기쁨이 무엇인지를.

제7장

왜 공정무역 단체는
협동조합과 함께하는가

– 협동조합 들여다보기

"공정무역과 협동조합, 둘 사이의 관계는 천생연분이다."
– 런던 공정무역 컨퍼런스

알다 사라초는 왜
협동조합을 선택했을까

남미 파라과이에 살고 있는 알다 사라초*는 2헥타르(ha)**의 땅에 농사를 짓고 있어요. 1ha에는 사탕수수를 심고 나머지에는 옥수수, 땅콩, 깨, 채소를 재배하고 있죠. 그리고 소 4마리와 돼지 1마리, 닭 30마리를 기르고 있어요.

5년 전 기업형 농장주들이 편법으로 소농민들이 가지고 있는 땅을 헐값에 사들이고, 무분별하게 농약을 뿌려 농경지와 식수가 오염되고 있었어요. 이런 문제에 대해 알다를 포함한 소농민들은 어떻게 대처해야 할지 모르는 상황이었어요.

그런데 이 지역에 외국인 투자자가 운영하는 설탕공장이 들어섰

---

* 구경모, 「파라과이 소농의 생존 대안으로서의 공정무역 – 만두비라 협동조합의 사례」, 『중남미연구』, 제29권 제1호, 2010. 8. 31.
** 땅의 면적을 나타내는 단위로 가로 세로 100m인 정사각형의 넓이, 즉 10,000㎡ 를 가리킨다. 국제 규격 축구장이 0.7ha쯤 된다.

사탕수수 밭에서 일하고 있는 노동자
아열대 지방에서 재배되는 사탕수수는 설탕의 원료가 된다. ⓒ 연합뉴스

어요. 알다는 설탕공장에 사탕수수를 판매하여 살길을 찾아보려고 했지만 기대와는 달랐어요. 공장에서 농민들에게 제시하는 사탕수수의 가격이 턱없이 낮아서 사탕수수 재배만으로 생계를 유지하기 어려웠어요.

어느 날 알다는 친구 알레한드로를 통해서 부근에 있는 만두비라 협동조합을 알게 되었어요. 그 협동조합이 거래하는 새로운 공장이 있다는 것을, 그리고 그 협동조합의 주인은 조합에 가입한 조합원, 즉 바로 자신과 같은 일반 농민이라는 것도 알게 되었어요.

알레한드로는 협동조합에 참여하면 더 좋은 조건에서 거래를 할 수 있다고 말해주었어요. 그리고 협동조합은 조합원들에게 나이가 많은 부모님이 진료를 받을 수 있는 기회도 제공한다고 알려주었어요. 그리고 만두비라 협동조합은 공정무역 단체와 거래를 하기 때문에 다른 무역업체와 달리 좀 더 나은 수익을 보장한다고 알려주었어요.

알다는 개별적으로 설탕공장에 사탕수수를 공급하는 것보다 협동조합을 통해서 공급하는 것이 더 나을 것이라고 판단했습니다. 비록 공정무역 상품 판매로 얻는 수익의 일부는 협동조합이 가져가지만 그것이 다시 자기에게로 되돌아온다고 생각했기 때문입니다. 협동조합이 자신의 든든한 보호막이 된다고 생각한 거죠.

국공립 의료 시설이 매우 취약한 파라과이에서 협동조합이 제공하는 진료를 받을 수 있다는 것에 만족하고 있습니다. 또한 만두비라 협동조합은 조합원의 자녀들이 학교에 갈 나이가 되면 교육에 필요한 자금을 빌려줍니다.

이외에도 설탕의 생산과 판매, 유기농 설탕 인증, 농지 개간을 위한 농기계 대여, 조합원에게 예금과 대출도 하고 있습니다. 그리고 협동조합은 더 나은 농민의 수익을 위해 조합원의 의견을 모아 더 좋은 시장을 안정적으로 확보합니다.

협동조합은 어떻게 농민들에게 이러한 혜택을 주면서도 지속적으로 운영될 수 있을까요?

그동안 외국의 거대 중개상들과 거래하던 농부들은 생산비에도 미치지 못하는 가격에 농산물을 넘길 수밖에 없었습니다. 하지만 농부들이 협동조합을 만들어 힘을 합친다면 일정 부분 거래교섭력을 가질 수 있습니다. 그리고 이렇게 해서 생긴 이익을 다른 조합원들과 공정하게 나눕니다.

또한 이익의 일부분은 따로 적립하여 생산자 개인이 마련하기에

버거웠던 창고나 생산에 필요한 기계 등을 살 수 있습니다. 마을에 필요한 전기 시설, 학교와 보건소, 펌프와 같은 기반 시설도 쉽게 만들 수 있을 것입니다. 협동조합을 통해 더 나은 삶을 살 수 있는 여건이 마련된 것이죠.

그리고 생산자들은 협동조합을 통해 일상적으로 만나 유기농법으로 작물을 재배하는 방법 등 다양한 정보를 나눕니다. 개별적인 농부로서 중개상에게 농산물을 팔기 위해 경쟁했던 관계에서 협동하고 도와주는 관계가 되기 때문입니다.

빵집을 협동조합으로 운영한다면

대기업의 프랜차이즈 빵집에 밀려 과거 지역주민들의 사랑을 받았던 동네 빵집은 점점 사라져갔습니다. 동네 빵집을 운영하는 어느 사장님은 프랜차이즈 빵집이 주변에 들어서자 프랜차이즈 빵집으로 전환을 해야 할지 고민에 빠져 다른 빵집 사장님들과 이야기를 나누었습니다.*

"프랜차이즈 빵집을 하게 되면 본사에서 인테리어는 물론 제품의 종류와 가격 등을 본사에서 결정하기 때문에 매장 운영만 하면 되므로 수월한 측면이 있습니다."

"하지만 자신의 창의적인 아이디어를 반영하여 새로운 빵을 만들어 팔 수 있는 기회는 사라집니다."

"본사에 브랜드를 이용하는 대가를 지불하고 수시로 진행되는 할

* 이 이야기는 '대구서구맛빵협동조합'의 사례를 참고하여 재구성했다.

인 행사, 매장 인테리어 교체 등도 큰 부담이 됩니다."

"그럼 우리 이럴 게 아니라 힘을 합쳐 동네 빵집들을 살려보는 게 어떨까요? 프랜차이즈 빵집의 기술이나 우리 가게나 크게 다를 게 없는데 우리도 운영 자금을 합쳐 그 돈으로 브랜드도 만들고 신제품을 개발하면 수익도 늘어나고 제빵 기술도 향상되니 더 좋지 않을까요?"

이렇게 지역 빵집 회의는 시작되었고 혼자 고민하던 빵집 사장들 사이에 협동하고 연대하는 분위기가 만들어졌습니다. 대략 1억 원 정도의 자금도 필요할 것 같다는 데 의견을 모으고 각자 2,000만 원을 내어 동네 빵집 협동조합을 만들게 된 것이지요.

동네 빵집 협동조합을 준비하는 과정에서 다섯 명의 빵집 사장님들은 회의를 통해 결정할 일들이 많았습니다. 협동조합의 이름을 무엇으로 할 것인지, 조합에 속한 빵집에서 같은 품질의 좋은 빵을 구워 판매하려면 어떻게 해야 할지 결정할 문제가 한두 가지가 아니었어요.

프랜차이즈에서는 본사의 경영진이 모든 것을 결정하지만 협동조합의 독특한 운영방식은 이 지점에서 달라집니다. 협동조합에서는 모두가 주인으로서 똑같은 의결권을 가집니다. 협동조합은 '1인 1표'의 원칙을 가지고 있습니다. 보통의 일반적인 회사에서는 출자한 사람들이 자신이 투자한 돈만큼의 의결권을 행사하는 '1원 1표'를 원칙으로 운영되는 것과 크게 구별되는 점이죠.

따라서 다섯 명의 동네 빵집 사장님이 모두 동네 빵집 협동조합의 사장 역할을 하게 됩니다. 의견을 모아 합의를 하는 것이 어려울 때도 있지만 다양한 의견을 들을 수 있고, 더 좋은 결정을 하기 위

주식회사와 협동조합의 차이

	협동조합	주식회사
근거법	협동조합기본법, 개별 조합법	상법
정의	조합원의 권익을 높이고 지역사회에 공헌하는 사업조직	상행위나 그 밖의 영리를 목적으로 설립한 법인
설립목적	조합원의 복지증진, 상부상조, 조합원의 경제·사회·문화적 수요 부응	이윤 극대화
의결권	1인 1표(출자액과 관계없음)	1주 1표(투자금에 비례)
자금조달	조합원 출자	증자, 채권 발행 등
배당	출자금의 10% 이하로 제한	주주총회의 자율적 결정
소유권	조합원(이용자, 근로자, 생산자 소유 가능)	주주

출처: 기획재정부

해 민주적으로 운영을 하는 것이죠.

협동조합은 출자금(자본)을 모으는 데에 오랜 시간이 걸리지만 조직을 민주적으로 운영할 수 있습니다. 모두가 똑같은 의결권을 갖고 있는 협동조합은 모든 구성원에게 골고루 이익이 돌아가게 됩니다. 모든 구성원이 동등한 의결권을 갖고 있으므로 모두의 의견이 존중될 수 있어요. 그래서 경영 위기가 닥치게 되면 일반 회사는 효율적인 운영을 위해 인력을 감축하는 등 누군가에게 희생을 요구하지만, 협동조합은 조합원들이 각자의 이익을 조금씩 줄여 문제를 해결해나가려고 합니다.

이렇듯 협동조합은 일반회사와는 달리 민주적으로 운영하는 구조를 띠고 있습니다. 일종의 경제 민주화지요. 회사가 아닌 협동조합으로 사업을 하겠다는 것은 나와 함께 일을 하는 사람들과 동등한 관계를 맺으며 그들의 의견을 존중하겠다는 생각이 담겨 있습니다. 그리고 이것이 진정한 협동을 가능하게 합니다.

협동조합과 공정무역

공정무역 단체는 생산자와 소비자 사이의 연대를 실현하기 위해 만들어진 단체입니다. 공정무역 단체는 저렴한 값에 물건을 판매하여 수익을 극대화하는 것보다 소비자의 건강과 환경에 해를 끼치지 않는 믿을 만한 제품을 생산하고, 생산자에게는 공정한 대가를 지불하는 것을 중요하게 생각하죠.

그런데 현지의 소규모 생산자들이 믿을 만한 제품을 생산하며 공정하게 이익을 받으려면 그들 사이에서 민주적인 의사결정이 이루어져야 합니다. 이를 위한 가장 좋은 방법은 바로 생산자들이 협동조합을 구성하는 것이죠. 그래서 공정무역 단체와 거래를 하려는 농민들은 대부분 협동조합을 만듭니다. 혹은 공정무역 단체가 생산자 협동조합을 만들 수 있게 도와주기도 합니다.

생산자 협동조합과 밀접한 관계를 맺고 있는 공정무역 단체
2014년 베트남 최초로 공정무역 아라비카 커피를 수출하기 시작한 꺼우덧 커피 협동조합의 커피농부가 공정무역 단체의 도움을 받아 한국의 소비자를 만날 수 있었다.
ⓒAFN(아시아공정무역네트워크)

　　가나의 '쿠아파 코쿠(Kuapa Kokoo)'* 협동조합은 공정무역 운동을 통해 탄생하게 되었습니다. 영국의 공정무역 단체 '트윈(Twin)'은 대표적인 카카오 생산국인 가나에서 몇몇 카카오 수출 기업이 카카오 거래를 독점하여 생기는 폐해로부터 농민들을 보호하기 위해 협동조합이 필요하다고 생각했습니다. 그래서 영국의 공정무역 단체 트윈의 도움으로 가나의 농민들은 협동조합을 결성하게 됩니다. 그것이 '쿠아파 코쿠'입니다. 200명의 조합원으로 시작된 쿠아파 코쿠 협동조합은 현재 조합원이 약 8만 명에 이릅니다. 현재 쿠

• • • • • •

* '좋은 코코아 농부들'이라는 뜻을 담고 있다.

쿠아파 코쿠 조합원 생산자
쿠아파 코쿠는 가나의 카카오 생산자 협동조합으로 영국 초콜릿 디바인 회사의 대주주다.
ⓒ divine chocolate

아파 코쿠 농민들은 협동조합 운영뿐 아니라 영국의 초콜릿 회사 '디바인(Divine)'의 지분 45%을 보유하여 회사의 주식을 가장 많이 소유한 최대 주주가 되었습니다. 생산자들의 목소리가 판매 회사를 움직이며 판매 회사의 수익까지 공유하는 독특한 방식의 실험을 쿠아파 코쿠가 하고 있습니다. 이런 과정에서 공정무역 단체 트윈의 도움이 컸습니다. 이제는 우리나라에서도 이 초콜릿을 인터넷 주문*을 통해 먹을 수 있는 규모가 되었습니다.

한국의 공정무역 단체도 협동조합과 함께합니다. '아름다운커피'는 페루의 나랑히요 협동조합, 네팔 굴미·신두팔촉 커피 협동조합

• • • • • • •

* 디바인 초콜릿 홈페이지(www.divinechocolate.co.kr) 참조.

공정무역 단체와 생산자 협동조합의 연대

공정무역 단체 '아름다운커피'는 현지 생산자들과 지속적인 관계를 맺으며, 그들의 이야기를
전하고 있다. ⓒ 아름다운커피

등과 거래하고 있습니다. 한국의 소비자 협동조합인 '두레생협' '아
이쿱생협'은 공정무역으로 외국 생산물을 수입하는 과정에서 현지
의 생산자 협동조합을 지원하고 있습니다. 두레생협은 대표적으로
필리핀 네그로스 섬에 있는 사탕수수 생산자 협동조합과, 아이쿱생
협은 필리핀 파나이 섬에 있는 사탕수수 생산자 협동조합과 거래하
고 있죠.

우리나라의 두레생협은 2006년부터 필리핀 네그로스 섬의 생산
자 협동조합을 지원하고 있습니다. 두레생협은 필리핀 네그로스 섬

에 있는 생산자 협동조합과 설탕을 공정하게 거래하기 위해 계약을 체결했습니다. 필리핀 네그로스 협동조합으로부터 두레생협은 설탕을 받아 한국의 소비자에게 제공하여 수익을 얻습니다. 그 수익의 일부를 네그로스 협동조합에 전달하여 기금을 만듭니다. 네그로스 협동조합은 두레생협으로 받은 돈을 기금으로 관리하여 필리핀 생산자가 필요한 프로젝트에 저렴한 이자로 빌려줘서 프로젝트가 성사될 자금으로 쓰도록 하고 있습니다. 두레생협의 공정무역을 통한 기금 제공은 필리핀 생산자에게 필요한 자금을 지원해주는 은행 역할을 하고 있는 셈이지요. 필리핀 현지 이자율이 22~24%에 달하는 것에 비해 네그로스 협동조합이 제시하는 이율은 5%에 지나지 않습니다. 이 이율에 따른 이자를 내게 한 것도 생산자의 자립 의지를 높이기 위한 취지입니다.

두레생협이 지원한 기금은 필리핀 생산자가 필요한 곳에 요긴하게 쓰입니다. 필리핀에서는 그 기금을 빌려 각 생산자의 상황에 따라 필리핀 물소인 카라바오를 더 늘리거나, 마을 센터를 만들거나, 쌀 도정공장을 만들고, 물 펌프와 수력발전 시설을 만드는 등 생산량이 더 늘어나거나 생산자가 자립할 수 있도록 하는 데에 기금을 쓰고 있습니다. 특히 전 세계적인 기후 변화로 필리핀 생산자들이 농작물 생산에 어려움이 커진 상황에서, 바다 건너 한국 생협의 기금 지원을 든든하게 생각하고 있습니다.

한국에서 산 설탕 한 봉지가 필리핀에 수력발전 시설을 만들어 밤에도 불빛을 환하게 만들어주고 있습니다. 누군가는 이렇게 이야기합니다. 필리핀 정부도 쉽게 하지 못했던 필리핀 생산자의 자립

드디어 생긴 물 펌프
그동안 생산자 개인이 비싸서 살 수 없던 필수 장비들을 협동조합을 통해 모은 공동 수익 자금
으로 살 수 있게 되었다. 한국의 두레생협은 필리핀의 사탕수수 협동조합과 직접 거래하여 필
리핀 생산자의 자립을 돕고 있다. 출처: 두레생협

을 한국의 설탕 한 봉지가 도우니 이것은 설탕 한 봉지의 기적이 아
니냐고.

　오늘날 전 세계의 협동조합을 대표하는 ICA(국제협동조합연맹)에
가입된 협동조합의 조합원 수만 10억 명이며, 협동조합에 고용된
인원만 1억 명이 넘습니다.* 캐나다에서는 세 명 중 한 명, 싱가포르
는 네 명 중 한 명, 케냐는 다섯 명 중 한 명, 콜롬비아에서는 열 명
중 한 명꼴로 협동조합의 회원이라고 합니다. 많은 협동조합은 공

＊ 김태억, 「조합원 10억 명 세계 최대 비정부기구 '국제협동조합연맹'에서 한국농
　협은 가입 50년 만에 세계적 협동조합 도약」, 농민신문, 2014. 4. 2.

국제협동조합연맹(ICA)

국제협동조합연맹(International Co-
operative Alliance, ICA)은 세계 각국의
협동조합을 대표하는 세계 최대의 비정
부기구다. 전 세계 94개국 268개 협동조
합에 소속하고 있는 10억 명 이상의 조합
원(2013년 8월 기준)을 대표하고 있다.
출처: http://ica.coop

정무역과 함께합니다. 공정무역은 개별 생산자보다는 생산자 협동
조합과 주로 거래를 합니다. 현재 저개발국에서 수출되는 공정무역
제품의 75%가 이런 협동조합이 생산한 제품입니다.*

• • • • • •

* 이봉현, 「공정무역과 협동조합 "천생연분"」, 한겨레, 2012. 8. 17.

세계의 협동조합 사례,
FC바르셀로나와 제스프리

세계 유일의 협동조합 축구팀, FC바르셀로나

세계적으로 유명한 FC바로셀로나는 협동조합인가요?

FC바르셀로나는 1899년 11월 29일 호안 감퍼(Joan Gamper)에 의해 에스파냐의 카탈루냐 지방의 바르셀로나를 기반으로 하여 탄생했습니다. 일반적으로 프로축구단은 기업가가 구단을 창설하고 그에 맞춰서 팬들이 생겨나는 방식입니다. 그러나 FC바르셀로나는 축구팬들이 자발적으로 출자하여 구단을 만들고 운영하는 방식입니다. FC바르셀로나는 국외 거주자를 3만 명을 포함하여 17만 5,000명의 출자자와 1,300여 개의 팬클럽이 주인인 '축구협동조합'입니다. 축구단이 축구팬에 의해 소유되고 축구팬에 의해 통제되는 클럽인 것이죠.

유니세프 로고가 새겨진 2010년 FC바르셀로나의 유니폼
FC바르셀로나는 세계 유일의 협동조합 축구팀이다. 2010년 FC바르셀로나는 유니세프를 후원했다. 출처: AFP

FC바로셀로나의 조합원들의 역할과 활동이 궁금합니다.

FC바르셀로나의 조합원들은 이용자이자 그들 스스로 팀의 주인입니다. 조합원들은 연간 27만 원 정도의 조합비를 납부하면서 조합원으로서 활동합니다. 모든 조합원은 FC바르셀로나의 최고 의사결정기관인 총회의 구성원이 될 수 있으며, 2년간 활동이 가능합니다. 총회의 구성원은 조합원의 대표로서 연간 보고서, 장기계획, 예상 등을 결의하고, 이사회는 경력 1년 이상인 18세 이상은 누구나 참여 가능합니다.

한편, 조합원 중 가입 경력 1년 이상, 18세 이상이면 누구나 6년마다 한 번씩 치러지는 클럽회장 선거에서 회장을 선출할 권리를 가지며 이사회의 구성원이 될 수도 있습니다. 2014년 초까지 회장을 역임했던 로셀은 2010년 역대 최고 득표율인 61.35%로 선

출되었고 전임 회장 호안 라포르타의 경우는 임기 중 불신임안이 투표에 부쳐지기도 했습니다. 당시 해임 찬성율이 60%까지 나왔으나, 해임이 가결되는 66%에 못 미쳐, 회장 임기를 유지할 수 있었죠.

FC바로셀로나의 구체적인 협동조합 운영 특성을 알려주세요.

FC바르셀로나는 협동조합 자율과 독립의 원칙에 따라, 구단 운영에 필요한 재원을 조합비 증액과 상업적 수익을 통해서 조달하기도 했습니다. 2006년 9월 12일, FC바르셀로나는 유니폼 스폰서십을 에이즈에 노출된 전 세계 어린이를 위해 유니세프와 체결한다고 발표했습니다. 일반적으로 유니폼 스폰서십이란 돈을 받고 유니폼에 그 회사의 로고를 새겨 그 회사를 선전하는 것인데, FC바르셀로나는 반대로 어린이들의 에이즈 위협 퇴치를 위해 5년간 구단 수입의 0.7%를 유니세프에 지원해준다고 계약을 한 것입니다. 기업이 구단을 운영하는 것이 아닌 수많은 조합원의 활동과 생각이 모아져서 운영되는 협동조합이라 가능했던 것이겠죠.

FC바로셀로나와 다국적기업, 그리고 그 미래는 어떨까요?

다국적기업의 마케팅 전략이 축구클럽의 운영방식에 영향을 미치고 있어요. 세계에서 가장 인기가 많은 스포츠 중 하나인 축구, 따라서 다국적기업은 축구클럽과 스폰서십을 맺으면 엄청난 광고효과를 볼 수 있습니다. 풍부한 재정을 지니고 있으면 선수영입, 구단운영, 시설물 개선 등의 기반이 마련되기 때문에 클럽의 입장에서도 다국적기업과의 스폰서십 체결은 구단의 미래를 위한 좋은 기회일 수 있어요. 이에 따라 수많은 축구클럽들이 기존의 운영방식을 변경하여 다국적기업의 자금력에 기대어 그 모습을 다르게 하고 있습니다.

특히 협동조합의 형태로 운영되는 축구클럽은 다국적기업과의 스폰서십을 체결하게 되면서 다수의 조합원들이 주인이 되어 정책을 결정하는 협동조합의 철학과 대비되는 운영이 나타나는 등 큰 변화를 겪고 있습니다.

세계적인 축구클럽인 FC바르셀로나가 대표적인 예입니다. FC바르셀로나는 113년의 전통을 깨고 2013년 카타르 항공(Qatar Airways)과 1년에 약 4,500만 달러(한화 약 490억 원)을 받는 조건으로 유니폼 스폰서 계약을 체결했습니다. 구단 측은 1889년 창단한 이래 '시민의 클럽'을 자처하면서 축구의 상업화를 경계해 왔고, 다른 유명 축구팀과는 달리 유니폼에 아무런 스폰서 로고가 박혀 있지 않은 것을 팬들은 자랑처럼 여겼어요. 따라서 이러한 계약에 대해 팬들 중에는 "있을 수 없는 일이 벌어졌다" "이제 팬들은 전처럼 FC바르셀로나 유니폼을 자랑스럽게 입지 않을 것"이라는 반응을 보이기도 했습니다.

이러한 변화가 결국 협동조합의 성격을 약화 또는 소멸시킬지, 아니면 새로운 형태의 협동조합을 만들어낼지 관심 있게 지켜봐야 할 문제입니다.

뉴질랜드 대표 키위 브랜드, 제스프리

세계적으로 유명한 생산자 협동조합은 뭐가 있을까요?

전 세계 50개국에서 약 41만t의 키위를 판매하는 뉴질랜드를 대표하는 키위 브랜드 제스프리도 협동조합의 형태로 운영됩니다.

제스프리가 탄생한 역사적 과정은 어떠한가요?

1980년대에 뉴질랜드에서는 키위 수출업체가 급격히 늘어나면서 키위의 수요에 비해 키위의 공급이 급격히 늘어나서 키위가격이 폭락하게 됩니다. 이는 곧 농가 소득의 하락과 품질 악화로 이어지게 되었죠. 그리고 이러한 극단적인 경쟁에서 벗어나기 위해 키위 농부들은 협동조합을 선택하게 되었습니다. 제스프리라는 브랜드 하나로 수출 경로를 통일한다고 합의한 것이죠. 이렇게 1997년에 뉴질랜드 키위의 수출 마케팅을 전담하는 제스프리 인터내셔널이 탄생했습니다. 이에 뉴질랜드 정부는 제스프리의 수출독점권을 인정하는 수출창구단일화법을 제정했습니다. 키위 농가들이 100% 소유한 제스프리 브랜드가 아니면 누구도 뉴질랜드 키위를 수출할 수 없도록 아예 법으로 만든 것이죠.

제스프리가 갖는 세계적 경쟁력은 어디서 오는 걸까요?

국가 간 FTA체결 등 세계경제의 국가 간 장벽이 사라지고 있는 추세에서 제스프리는 관세가 높고 인건비가 비

뉴질랜드를 대표하는 키위 협동조합, 제스프리
뉴질랜드의 키위 생산 협동조합인 제스프리는 상품혁신에 투자하고 유통구조를 개선하여 생
산자들의 안정적인 이익을 보장한다. 출처: 제스프리 홈페이지

싸기 때문에 도저히 가격경쟁력으로는 당해낼 수 없습니다. 그렇
지만 이미 무한 경쟁 속에서 살아남은 경험이 있는 제스프리는 나
라마다 입맛에 맞춰서 맛과 크기가 다른 키위를 내놓는 등 상품 혁
신에 막대한 투자를 하여 '맛 좋은 키위'로 승부하고 있습니다.

또한 제스프리는 농가 수익을 높이는 농법, 천적으로 해충을
없애는 곤충학, 키위의 저장성과 보관성을 높이는 다양한 연구
등을 하고 있으며, 개별 농가의 생산 시설을 직접 관리하면서 품
목과 재배 방식 등을 하나하나 지도합니다. 농민은 제스프리가
정해준 스펙에 맞춰 최상품을 생산하고 그만큼 나은 수익을 누리
는 것입니다.

제스프리의 사업 방식이 갖는 특징은 무엇일까요?

협동조합의 가치가 배어 있는 제스프리는 농가에서 키위를 사들이지 않습니다. 대신 키위를 좋은 값에 수출해 주고 정해진 수수료만 챙기는 것이죠. 비싸게 수출하면 그만큼 농가의 소득 증대로 전액 귀속되는 구조입니다. 제스프리뿐만 아니라 키위를 선별·포장하는 80여 개의 사업체도 모두 농부가 소유하고, 운송업체, 비료 생산 업체도 농부가 소유하고 있습니다. 이렇게 키위 생산에서 수출까지 모든 과정에 걸쳐 협동조합 방식의 다양한 자회사를 세워 농가 소득 극대화를 보장하고 있습니다.

제8장

어떤 세계를
선택할 것인가

– 공정무역 먹거리 이야기

"소비자이기 이전에 시민으로서, 우리는
매일 먹는 세끼 식사를 투표하듯 선택해야 한다.
어떤 제품을 구매하는 일은 투표소에 가는 것 이상으로
정치적인 행위가 되었으며,
'직접민주주의'라는 용어가 어울리는 유일한 순간이 되었다."
– 윌리엄 레이몽, 「독소」

보고, 냄새 맡으면
구별할 수 있을까

　우리는 먹을 수 있는 것인가를 구분할 때 그것의 색깔을 확인하거나 냄새를 맡아봅니다. 오랜 세월 그렇게 하는 것만으로도 조상들은 잘 살아왔죠. 그러나 오늘날 우리 눈에 보이지 않는 식품의 세계에 담겨진 위험들에 우리 몸은 무방비상태로 노출되어 있습니다. 많은 먹거리들이 몸에는 해롭지만 색깔은 화려하고 향은 유혹적입니다. 맛은 달콤하고 바삭하기까지 합니다. 우리의 오감에 의존하는 것만으로는 그것이 가진 위험성들을 파악하기가 거의 불가능하죠. 감각으로 구별되지 않는 오늘날 먹거리의 세계를 이해하기 위해서 가치 있는 정보에 눈뜨기 위한 수고로움이 우리에게 요구됩니다.

　아이들이 과자나 초콜릿을 고를 때, 흥미를 자극하는 화려한 색깔이나 달콤함의 정도는 선택에 크게 영향을 미칩니다. 기업들은 더 많은 이윤을 내기 위해 좀 더 저렴한 비용으로 그러면서도 소비자의 입맛을 사로잡을 수 있는 식품을 만들기 위해 여러 식품첨가물들을 사용합니다. 그러나 이에 대한 위험성들은 잘 알려져 있지 않습니다.

공정무역 제품이 많이 팔려야 현지 생산자들의 삶이 더 개선된다면 왜 공정무역 초콜릿은 보통 제과회사처럼 합성 첨가물을 사용한 화려한 초콜릿을 만들지 않을까요?

배우의 상품광고인가
공정무역 마크인가

　공정무역으로 생산되는 먹거리*에는 초콜릿, 커피, 코코아, 홍차 등이 있습니다. '자연드림'이라는 이름의 아이쿱 협동조합 매장에서는 공정무역 바나나도 살 수 있습니다. 그럼 이러한 공정무역 먹거리와 슈퍼마켓에서 쉽게 구할 수 있는 상품들은 어떤 차이점이 있을까요? 공정무역 먹거리의 특징은 공정무역 상품을 싸고 있는 포장지에서 먼저 확인할 수 있어요. 아프리카, 아시아 등 현지의 생산자에게 공정한 수익을 보장해주는 점이 좋아 공정무역 상품을 구입했다면 그것을 책상 위에 놓고 포장지에 적힌 내용들을 눈여겨 살펴보세요. 공정무역 제품의 포장지는 공정무역이 지향하고 있는 세계를 표현하고 있으며 우리는 그 세계를 먹음으로써 우리 몸 또한

● ● ● ● ● ●

* 이 글에서는 맞춤법 규정에 맞는 '먹을거리'라는 용어와 사람들이 많이 사용하고 있는 '먹거리'라는 용어를 혼용하여 사용하기로 한다. 김민환 엮음, 『먹거리』, 전국농업기술자협회 출판부, 1986 참조.

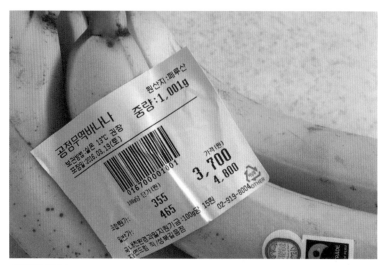

공정무역 바나나
아이쿱 생활협동조합 매장 '자연드림'에서는 공정무역 바나나를 볼 수 있다. 일반 바나나와 공정무역 바나나의 가격 차이는 점점 좁혀지고 있다. ⓒ 전국사회교사모임

새로운 세계의 일부가 됩니다.

여기 보기만 해도 달콤한 두 개의 초콜릿 사진이 있어요. 이 두 초콜릿의 차이점은 무엇일까요? 이 둘 중에 하나를 먹을 수 있는 기회가 주어진다면 여러분은 무엇을 고를 건가요?

첫 번째 초콜릿은 유명한 제과회사의 초콜릿입니다. 이 초콜릿의 광고에는 우리에게 익숙한 배우가 등장하죠. 로맨틱한 이미지를 가진 그가 등장하는 장면을 떠올리고는 첫 번째 초콜릿을 선택하고 싶어지겠죠. 두 번째 사진의 초콜릿은 대중매체의 광고에 나오지는 않지만 공정무역으로 거래되는 초콜릿입니다. 포장지에 공정무역 마크가 보이네요.

일반 과자회사의 초콜릿과 공정무역 초콜릿
공정무역 초콜릿은 일반 슈퍼마켓에서는 아직 유통되지 않고 아름다운커피, 자연드림 매장이
나 몇 개의 대형매장, 인터넷 쇼핑몰을 통해서만 구입할 수 있다. ⓒ 전국사회교사모임

공정무역 상표가 디자인에 불과했다면 그것은 나의 선택에 별다
른 영향을 주지 못할 거예요. 하지만 우린 앞에서 공정무역 마크가
압축적으로 보여주는 세계를 보았어요. 공정무역 마크를 보자마자
순간적으로 우리 머릿속에서 공정무역과 연결된 새로운 세계의 그
물망이 펼쳐지는 것을 느낄 수 있을 것입니다.

축구공의 한 땀 한 땀을 수없이 꿰매고 있던 어린이들의 거칠어
진 작은 손들이 공정무역의 세계에서는 학교에서 연필을 잡고 공부
하거나 친구들의 손을 잡고 뛰어 노는 모습으로 변합니다. 그곳은
커피, 코코아, 축구공 등이 저임금의 아동노동으로 생산되고 있지
않습니다. 현지 생산자에게 공정한 노동의 대가를 지불하고 더 나
은 삶을 보장하는 시스템이 작동하는 새로운 세계였죠. 그 세계가
주는 기쁨이 우리에게 공정무역 초콜릿을 선택하고 싶은 마음을 불
러일으킵니다.

광고가 보여주는 '유토피아'는 그 상품을 소비하는 것과 동시에
사라지지만 공정무역이 보여주는 '유토피아'는 그것을 사는 것과 동
시에 새롭게 생성되는 현실이 됩니다.

『독소』라는 책에서 식품 첨가물의 위험성을 알린 윌리엄 레이몽은 소비를 투표에 비유합니다. 공정무역 마크가 붙어 있는 초콜릿을 사는 것은 바로 이러한 새로운 세계에 한 표를 던지는 것입니다. 앞에서 우리는 공정무역 제품이 만들어지기까지의 과정, 공정무역이 기존 무역과의 관계에서 차지하는 위치 등 거시적인 차원에서 공정무역을 살펴보았습니다.

이번에는 공정무역 제품을 현미경을 가지고 들여다보듯 좀 더 미시적인 차원에서 출발하여 또 다른 세계를 들여다보기로 해요. 공정무역 먹거리는 왜 특정 성분을 사용하지 않는지, 그리고 GMO를 거부하고 농약을 거부하는지 살펴보고자 합니다.

공정무역 먹거리에서
찾을 수 없는 성분이 있다면

　포장지의 뒷면을 보면 공정무역 먹을거리의 구성성분이 표시되어 있어요. 여기서 공정무역 제품과 기존 거대 식품회사의 제품이 어떤 차이점이 있는지 확인할 수 있습니다. 하지만 이러한 구성성분 차이를 눈여겨 살펴보는 사람들은 아직 많지 않습니다.

　오늘은 초콜릿의 포장지 뒷면에 초콜릿에 첨가되어 있는 성분이 무엇인지 읽어볼까요? 공장에서 대량으로 생산되는 제과회사의 초콜릿 제품들은 우리가 먹고자 하는 초콜릿 이외의 여러 종류의 성분이 첨가되어 있음을 확인할 수 있습니다.

〇〇기업 초콜릿 가공품 구성성분
　유당, 백설탕, 식물성유지(싱가포르산), 탈지분유(수입산), 코코아버터, 전지분골드(유청분말, 유당, 버터유, 팜유, 유크림), 시드-13(밀가루, 옥수수전분, 백설탕, 정제소금, 탄산수소나트륨, 분당, 쿠키칩[밀가루(미국, 캐나다산), 분당, 쇼트닝(부분경화유: 정제가공유지(말레이시아산: 팜핵경화유, 팜경화유), 정제올레인유(말레이시아산)), 백설탕, 코코아분말], 렉시틴(대두), 혼합제제(합성착향료(밀크향))

위 ○○기업에서 나온 초콜릿은 바삭하게 씹히는 쿠키칩을 넣은 초콜릿바입니다. 초콜릿에 첨가된 쿠키칩에도, 쿠키칩을 뺀 초콜릿에도 여러 성분들이 포함되어 있음을 알 수 있어요.

슈퍼마켓에 들어가서 식품기업에서 생산하는 과자들을 무작위로 여섯 개 집어봤어요. 포장지에 표시된 성분 중 공통적으로 발견되는 성분 중 하나를 골라보았습니다.

버□□ -마가린, 가공버터(경화유),

사△△ -가공버터(경화유)

다○○ -쇼트닝, 부분경화유

계□□ -쇼트닝, 가공버터(경화유)

롯△△ -쇼트닝, 부분경화유

에○○ -쇼트닝

바로 부분경화유와 이것으로 만드는 마가린, 쇼트닝입니다. 이 성분은 초콜릿에도 들어 있습니다. 부분경화유는 식물성 기름에 수소를 첨가하여 고체나 반고체로 만든 지방을 의미합니다. 쇼트닝과 마가린의 차이는 수분 함량의 차이입니다. 순수하게 우유로만 만든 버터와 달리 버터 비율이 50% 이상이면서 나머지를 식물성 지방으로 가공하면 가공버터라는 이름을 달 수 있습니다. 가공버터는 말하자면 버터와 마가린을 혼합해놓은 것이라 할 수 있습니다. 표시성분을 잘 관찰하지 않으면 가공버터라는 이름 대신 '○○○버터'라고 고유명사처럼 만들어 상품에 붙이기 때문에 제품명만 봐서는 순수 100% 우유로 만든 버터와 구별하기 어렵습니다.

우리가 먹는 지방에는 두 종류가 있습니다. 소고기, 돼지고기, 유제품 등에 포함된 동물성 지방과 올리브유, 참기름 같은 식물성 지방입니다. 두 지방의 가장 큰 차이는 수소 개수의 차이라고 할 수 있습니다. 동물성 지방은 '포화 지방'이라고도 하는데, 이는 수소가 들어갈 수 있는 만큼 최대한 들어간 상태라는 의미입니다. 이것은 상온에서 주로 고체로 존재하게 됩니다. 고체로 되기 쉽다는 것은 혈관을 막을 위험도 크다는 뜻입니다. 그러므로 지나치게 많이 섭취할 경우 심혈관계 질환과 비만을 유발합니다. 식물성 지방은 불포화 지방이라고 합니다. 식물성 지방은 분자구조가 불규칙적인 배열을 가지고 있기 때문에 상온에서 액체 상태로 존재합니다. 이 식물성 지방에 수소를 첨가해 마가린이나 쇼트닝처럼 고체 상태의 기름이 되는데 이런 과정에서 만들어지는 것이 트랜스 지방입니다.

식물성 기름을 이용하여 만든 마가린이 처음 시장에 나왔을 때 동물성인 버터에 비해 마가린이 몸에 더 좋다고 생각하는 사람이 많았습니다. 그러나 트랜스 지방은 원료가 식물성 지방이긴 해도 동물성 지방보다 더 몸에 해롭습니다. 트랜스 지방은 동물성 지방과 마찬가지로 다량 섭취할 경우 심근경색, 협심증, 뇌졸중 등 혈액순환을 어렵게 하고 어린이들의 성장을 방해하고 아토피 등의 부작용을 일으키는 것으로 알려져 있습니다. 또한 트랜스 지방은 몸에 좋지 않은 콜레스테롤(LDL콜레스테롤)의 수치는 올리고 몸에 좋은 콜레스테롤(HDL콜레스테롤)의 수치는 떨어뜨리는 작용을 하기 때문에 동물성 지방보다 몸에 더 해로운 것이지요. 대두유와 대두유를 가공하여 만든 대두경화유의 비교실험*에 따르면 대두유의 트랜스 지방산 함유량은 1.0% 미만이나 대두경화유의 경우는 트랜스 지방산 함유량이 36.5%로 높게 나타났습니다. 식물성 기름에 수소를 첨가하여 '경화'시키면 트랜스 지방이라는 나쁜 지방 함량이 크게 높아지는 것을 알 수 있습니다. 그렇다면 식품업체들은 왜 굳이 식물성 기름에 수소를 첨가하여 만든 경화유를 사용할까요?

식물성 지방에 함유된 불포화 지방산은 포화 지방에 비해 몸에 좋지만 쉽게 산패되는 성질을 가지고 있습니다. 따라서 식물성 지방으로 쉽게 산화되지 않는 경화유를 만들어 사용하면 저장기간이 길어지고 식감이 부드러워지며 버터에 비해 가격이 저렴합니다. 여러분이 즐겨 먹는 과자나 빵, 패스트푸드에는 이러한 부분경화유가 많이 포함되어 있습니다.

그러나 '한살림' 등의 협동조합에서 만들어지는 과자는 이런 부분경화유, 그리고 부분경화유로 만들어지는 마가린, 쇼트닝을 사용하지 않습니다. 아이쿱 생활협동조합 매장인 '자연드림'에서 판매하는 공정무역 초콜릿을 사용한 가공식품도 이런 부분경화유를 사용하지 않습니다.

프랑스 출신의 윌리엄 레이몽 기자는 『독소』와 『식탁의 배신』이

* 김명애, 「고온가열 과정 중 대두경화유의 산화안전성에 관한 연구」, 『한국식생활문화학회지』 제23권 제1호, 2008, 26~32쪽.

라는 책에서 기업들이 많은 이윤을 위해 질병을 키우는 식품 첨가물을 넣는 것을 주저하지 않고 있다고 비판하고 있습니다. 제과공장에서 과자를 만들 때 주로 사용하는 부분경화유에 함유된 트랜스 지방의 위험성은 1994년부터 알려지기 시작했어요.* 트랜스 지방을 섭취하면 심혈관질환뿐 아니라 유방암의 위험까지 현저히 높아진다는 사실 때문에 미국국립과학아카데미(NAS)에서는 미국인에게 트랜스 지방을 섭취하지 말 것을 권고했습니다.

그러나 우리나라의 경우 트랜스 지방의 사용을 제한하는 조치가 거의 이뤄지지 않아 현재 슈퍼마켓에서 팔고 있는 많은 과자류는 쇼트닝 등 부분경화유를 사용하여 만들고 있어요. 또한 우리나라에서는 트랜스 지방 함유량이 제품 100g당 0.2g 미만이면 '트랜스 지방 0'으로 표시할 수 있도록 하고 있습니다. 분명 식품에 들어 있는 성분인데도 '0'으로 표시할 수 있게 해주고 있는 것이지요.

세계에서 부분경화유를 가장 많이 사용하고 있는 회사가 맥도날드인데 레이몽은 『독소』에서 맥도날드에서 산 감자튀김을 실온에 두고 8주가 지나도 곰팡이 하나 슬지 않고 처음 그대로의 모습을 간직했다고 쓰고 있습니다. 감자튀김 1인분에는 평균 10.2g의 트랜스 지방이 들어 있는데 세계보건기구에 따르면 하루 섭취 열량 기준으로 1%를 넘지 않도록 권고하고 있습니다. 이에 따라 하루에 성인남성 기준 2500kcal 중 2.8g 이하, 성인여성 기준 2000kcal 중 2.2g 이하, 만 1~2세는 1.1g, 만 3~5세는 1.6g을 초과할 수 없도록 정해져 있습니다. 미국 뉴욕에서는 2008년부터 부분경화유의 사용을 법으

* 윌리엄 레이몽, 이희정 옮김, 『식탁의 배신』, 랜덤하우스, 2010, 139쪽.

로 전면 금지했어요. 트랜스 지방을 금지하고 있는 덴마크에서는 감자튀김의 트랜스 지방 함량이 1인분에 0.3g을 넘지 않는다고 합니다.

최근에 우리나라에서 인기가 있는 한 짬뽕 프랜차이즈 식당의 맛의 비결은 탕수육 고기를 쇼트닝에 튀긴 후 그 기름으로 야채를 볶아 짬뽕을 만드는 것이라고 합니다. 과자회사는 포장봉지에 성분표시를 하도록 법으로 정해져 있습니다. 하지만 이렇게 우리가 자주 외식을 하는 식당이나 프랜차이즈 제과점 등에서 사용하는 트랜스 지방에 대해서는 어떤 표시의무도 규제도 사실상 이루어지지 않고 있는 실정입니다.

GMO도 공정무역 먹거리가
될 수 있을까

GMO란 뭘까

공정무역을 위해 생산되는 먹거리의 또 다른 특징은 GMO를 거부한다는 것입니다. GMO란 'Genetically Modified Organism'의 약어로서 정부와 개발자들은 유전자 변형 생명체 또는 유전자 재조합이라는 용어로 부릅니다. 살아 있는 것이라는 긍정적 이미지를 만들기 위해 Living이라는 단어를 붙여 LMO라고 부르기도 합니다. GMO에 부정적인 소비자나 시민단체에서는 유전자 조작 생물체라고 부릅니다. GMO에 대해 크게 반대하는 사람들은 영어 명칭에서도 'Modified' 대신 우리말의 '조작'에 가까운 'Manipulated'를 사용하기도 합니다.

여러분은 혹시 씨 없는 수박을 먹어본 적이 있나요? 그렇다면 씨 없는 수박도 유전자 조작 식품일까요? 그렇지 않습니다.

그렇다면 전통농업에서 계속해온 품질 개량과 유전자 변형의 차이는 무엇일까요? 마틴 티틀과 킴벌리 윌슨은 『먹지 마세요 GMO』에서 이렇게 구분합니다.

유전 공학과 전통적인 농업 사이에는 근본적인 차이가 있다. 유전 공학이 나타나기 전에는 어떤 것을 선택하든 한 가지 품종에 속하는 유사한 식물들을 교배하는 것이 기본이었다. 인간은 외부 관찰자로서 어떤 형질이 더 바람직한지에 주목했고, 그러한 형질을 선택하기 위해 자연을 거스르지 않는 육종 과정을 만들어냈다. 품종 개량과 재배, 종자수집에 익숙했던 농민들은 이러한 유전학적 과정을 이해하고 있었고, 따라서 해당 지역의 여건과 지역 사람들의 요구수준에 부합하는 식물을 생산할 수 있도록 선택적으로 품종개량을 했다. 하지만 유전 공학이 발달하면서 농민들은 더 이상 '선택하는 사람'으로 관찰하고 대응할 필요가 없어졌다. 식량 공급 분야의 기업들이 자리를 잡으면서 잡종 교배가 농민들을 억지로 종속시켰던 것처럼, 유전 공학은 농민들을 농업 과정으로부터 훨씬 더 멀리 떼어놓는다. 유전 공학은 작물의 기초적인 성분마저도 변질시킨다. 이러한 기술의 위험한 힘은 끝이 없다. 자연스러운 잡종 교배로 만들어낼 수 있는 잡종의 유형에는 제한이 있는 반면, 유전 공학은 물고기와 토마토처럼 서로 전혀 연관성 없는 종끼리의 유전자 이동을 가능케 한다.*

* 마틴 티틀·킴벌리 윌슨, 김은영 옮김, 『먹지 마세요 GMO』, 미지북스, 2008, 46쪽.

정리하자면 GMO는 전통적으로 농민들이 해오던 품종개량과 전혀 다른 것입니다. 품종개량은 종 또는 속의 범위에서 이루어지지만 GMO는 종과 종의 경계를 넘어 전혀 연관성 없는 종끼리 유전자를 이동하여 만들어진, 새로운 특징을 가진 생명체입니다. 말하자면 딸기와 차가운 바닷물에 사는 물고기의 유전자를 결합하여 냉해에 강한 딸기를 만들어내는 것이 유전자 조작의 한 예라고 할 수 있습니다.

GMO가 공정무역과 어울리지 않는 이유

그렇다면 공정무역 먹거리는 왜 GMO를 거부할까요? 첫 번째 이유는 먹거리로서의 GMO의 안전성이 확실하지 않다는 것입니다. GMO를 먹으면 위험할 수 있다는 것은 1999년 영국의 로웨트 연구소 소속 과학자인 아르패드 퍼스차이의 실험을 통해 처음 밝혀졌습니다. 그는 쥐에게 유전자 조작 감자를 먹이는 실험을 실시했습니다. 그런데 10일이 지난 뒤부터 쥐들의 건강에 이상 징후가 나타나기 시작했어요. 면역 체계가 약해지거나 심장 간, 신장, 뇌 등의 발달에 변화가 생겼던 것입니다.* GMO의 상업화에 앞장서고 있는 기업인 몬산토도 2002년 GMO 옥수수 MON863 종자에 대한 쥐 실험 결과 쥐의 콩팥이 작아지거나 혈액 성분에 변이가 일어났다고 보고했습니다. 그런데 우리나라는 이 사실을 알았으면서도 이 옥수

* 같은 책, 104쪽.

증언하고 있는 인도 농부

인도의 농부가 Bt 목화잎을 먹은 자신의 양들이 죽었기 때문에 이제는 Bt 목화 농장에 데려가지 않는다고 증언하고 있다. 출처: www.savefarmer.info

수의 수입을 2003년 10월에 승인합니다.* 인도에서는 양들이 Bt(유전자 조작) 목화의 잎을 먹고 3년 동안 5,000마리가 떼죽음을 당하는 일이 발생했습니다.** Bt 목화란 해충이 죽도록 작물 스스로 독성을 내도록 유전자를 조작한 목화인데, 이 잎을 먹은 양들이 위장 등 장기에서 질산 중독 현상을 보이며 죽어갔습니다. 몬산토는 Bt 독소가 곤충의 위에서만 활성화되어 가축이나 사람에게는 전혀 해가 없다고 주장하지만 Bt 독성이 특정 해충만이 아니라 다른 생명체에도 영향을 끼친다는 것을 알 수 있습니다.

2012년 프랑스의 칸 대학(University of Caen)의 세라리니 교수팀

* 김은진, 『유전자 조작 밥상을 치워라』, 도솔, 2009, 45쪽.
** KBS 환경스페셜, 〈위험한 연금술 유전자 조작 식품〉, 2007. 7. 4. 방송.

은 『*Journal of Food and Chemical Toxicology*』라는 과학 저널에 GM 작물의 유해성 실험 결과를 발표합니다.* 세라리니 팀은 2년 동안 200마리의 쥐를 대상으로 '라운드업 레디'라는 GM 옥수수를 먹이는 실험을 합니다. 실험결과를 보면 GMO를 먹고 자란 쥐들이 GMO를 먹지 않은 대조군보다 2~3배 더 빨리 죽고, 종양이 더 많이 생기고 간, 신장, 뇌하수체 등에 심각한 문제도 생겼습니다. 또한 세라리니 교수팀은 라운드업 레디 옥수수를 제초제가 뿌려진 옥수수와 뿌려지지 않은 옥수수로 구별하여 실험을 합니다. 그런데 제초제가 흡수되지 않은 GM 옥수수가 종양을 일으킨다는 결과가 나옵니다. 즉 제초제라는 조건이 없는 상태에서도 GM 옥수수가 종양을 일으킬 수 있다는 것을 보여준 것입니다.

GMO를 찬성하는 측은 GMO의 위험성이 밝혀지지 않았기 때문에 먹어도 된다고 주장하고 GMO를 반대하는 측은 GMO의 안전성이 확실히 밝혀지지 않았기 때문에 위험하다고 합니다. GMO는 아직 위험성과 안전성이 '확실하지 않다'는 점에서 양측이 동의하고 있다고 볼 수 있습니다. 그러나 우리나라에서는 GMO 표시 제도가 GMO를 반대하는 측에 불리하게 되어 있습니다. 즉 GMO 반대자들이 어떤 식품의 GMO 사용 여부를 알고 이를 사지 않을 수 있는 권리를 제대로 행사할 수 없다는 것이지요.

공정무역이 GMO를 거부하는 두 번째 이유는 GMO가 지속가능한 농업을 위협한다는 데 있습니다. 몬산토 같은 거대 농업 기업들

● ● ● ● ● ●

* 오로지 돌세네, 『한국의 GMO 재앙을 보고 통곡하다』, 명지사, 2015, 97쪽에서 재인용.

은 특정 살충제에 내성이 있는 유전자를 가진 종자를 유전자 조작을 통해 만들어내고 살충제와 함께 그 종자를 농민들에게 팔아 수익을 챙깁니다. 그런데 여러 가지 살충제가 아닌 하나의 살충제를 사용하게 되면서 이 살충제에 내성이 생긴 잡초가 나타나 살포하는 살충제의 양이 크게 증가하게 됩니다. 이것은 토양의 지속가능성을 위협합니다. 또한 GM 작물과 짝을 이루는 제초제만 사용하면 되기 때문에 농부들이 다른 작물이 아닌 GM 작물 한 가지를 재배하게 되어 작물의 다양성이 줄어듭니다. 하나의 품종으로 단일화하면 이 품종이 특정 해충이나 자연재해에 취약할 경우 적정한 식량생산이 이루어지지 못할 수 있습니다.

GMO를 거부하는 세 번째 이유는 농부들의 경제적 자립을 위협한다는 데 있습니다. 기존에 농부들이 재배하던 종자에 특정 유전자를 조작할 경우 이 종자에 대한 특허권을 모두 기업이 갖게 됩니다. 농부들은 이 종자를 마음대로 채취하여 다음 농사에 사용할 수 없습니다. 농부들이 전통적으로 갖고 있던 종자에 대한 권리를 거대 종자회사들이 독점하게 되면서 농부들은 점점 더 비싸지는 GMO 종자를 구입하고 농약 값을 지불하는 데 더 많은 돈을 쓰게 됩니다. 인도에서는 농사짓기 쉽고 더 많은 생산량을 약속한다는 광고를 믿고 GM 면화를 재배하게 된 농민들이 종자비용과 농약비용을 감당하지 못하고 빚에 허덕이다가 결국 26만 명의 농민들이 자살을 선택했습니다.*

* KBS 스페셜 '종자, 세계를 지배하다' 제작팀, 『종자, 세계를 지배하다』, 시대의창, 2013.

GMO, Non-GMO를 선택해서 먹을 수 있을까

2016년 5월 현재 우리나라의 식품용 GMO 수입량은 215만t으로 GMO 최대 수입국가인 일본에 이어 두 번째이지만 사료용이 아닌 식품용 수입량으로는 세계에서 가장 많은 양을 수입하고 있습니다.

경제정의실천시민연합이라는 시민단체는 2016년 9월 식품의약품안전처(이하 식약처)에서 제출받은 '최근 5년간 업체별 GMO 수입현황'을 공개했습니다. 그동안 식약처는 기업의 영업비밀이라며 업체별 GMO 수입현황을 공개하지 않았습니다. 결국 대법원이 경실련이 낸 정보공개 소송에서 정보를 비공개할 근거가 없다고 결정함에 따라 자료를 제출하게 됩니다. 경실련에 따르면 2011~2016년 6월 국내에 수입된 GM 농산물 1,067만 712t 중 CJ제일제당이 340

업체별 GMO 농산물 수입현황 (2011~2016. 6.)

수입업체	품목	수입대역		
		건수(건)	중량(톤)	비율(%)
(주)CJ제일제당	대두	344	3,133,412	31,98
	옥수수	76	217,353	
	유채	6	61,953	
(주)대상	옥수수	148	2,360,117	22,12
(주)사조해표	대두	128	1,772,143	16,61
(주)삼양사*	옥수수	156	1,718,722	16,11
(유)인그리디언 코리아**	옥수수	130	1,405,275	13,17
기타	대두, 유채	117	1,737	0,02
계		1,105	10,670,712	100

* 전(주)삼양제넥스 **전(유)콘프로덕츠코리아   출처: 식약처

업체별 식용 GMO 대두 수입량

연도	총 대두 수입량	업체	업체별 수입량(톤)	총량 대비(%)
2011	800,768	(주)CJ제일제당	525,418	65.6
		(주)사조해표	275,348	34.4
		기타	2	0.0
2012	814,397	(주)CJ제일제당	503,129	61.8
		(주)사조해표	311,268	38.2
2013	777,621	(주)CJ제일제당	463,979	59.7
		(주)사조해표	313,642	40.3
2014	988,170	(주)CJ제일제당	631,859	63.9
		(주)사조해표	356,311	36.1
2015	1,062,136	(주)CJ제일제당	709,493	66.8
		(주)사조해표	352,643	33.2
2016.6	462,465	(주)CJ제일제당	299,534	64.8
		(주)사조해표	162,931	35.2

출처: 식약처

만t, 대상이 236만t, 사조해표 177만t, 삼양사가 172만t을 각각 수입했다고 합니다. 미국계 식자재 기업인 인그리디언코리아의 수입량(140만t)을 합하면 국내 수입 GMO의 99% 이상이 대형 업체에 집중된 것입니다.

GM 대두(콩)는 60% 이상이 CJ제일제당에서, 나머지 약 40%는 사조해표에서 수입했습니다. 두 업체는 오랫동안 콩으로 식용유를 만들어 오고 있습니다. GM 옥수수는 대상에서 2016년 1~6월 수입량 중 34.1%를, 삼양사에서 32.6%를 수입한 것으로 나타났습니다. 그러나 이 식품 업체들이 판매하고 있는 콩 식용유나 옥수수 식용유에는 '수입산' 재료를 썼다는 것만을 표시할 뿐 GMO인지 여부는 표기하지 않습니다. 경실련은 "주요 식품기업들이 GMO 농산물

업체별 식용 GMO 옥수수 수입량

연도	총 옥수수 수입량	업체	업체별 수입량(톤)	총량 대비(%)
2011	968,680	(주)대상	405,968	41.9
		(주)삼양제넥스	296,849	30.6
		(유)콘프로덕츠코리아	265,863	27.4
2012	1,017,575	(주)대상	453,159	44.5
		(주)삼양제넥스	313,709	30.8
		(유)콘프로덕츠코리아	250,707	24.6
2013	935,123	(주)CJ제일제당	56,863	6.1
		(주)대상	372,163	39.8
		(주)삼양제넥스	276,008	29.5
		(유)인그리디언코리아	229,999	24.6
2014	1,099,522	(주)CJ제일제당	67,882	6.2
		(주)대상	465,140	42.3
		(주)삼양제넥스	316,818	28.8
		(유)인그리디언코리아	249,682	22.7
2015	1,118,435	(주)CJ제일제당	62,001	5.6
		(주)대상	472,246	42.2
		(주)삼양사	332,148	29.7
		(유)인그리디언코리아	251,950	22.5
2016.6	562,198	(주)CJ제일제당	30,517	5.4
		(주)대상	191,441	34.1
		(주)삼양사	183,100	32.6
		(유)인그리디언코리아	157,074	27.9
		기타	66	0.0

출처: 식약처

을 대부분 수입하고 있지만 소비자들은 사용처를 알 수 없다"면서 "관련 정보를 투명하게 공개하고 표시제도를 개선해 소비자의 선택권을 보장해야 한다"고 했습니다.

2012년 한국바이오안전성센터의 자료에 따르면 우리나라에 수입되는 식용 콩 가운데 GM 콩은 약 75%를 차지합니다. GM 콩의 거의 대부분은 콩기름 제조에 사용됩니다. 콩기름을 제조하고 남은 부산물인 콩깻묵은 간장과 같은 장류 가공용으로 사용되고 콩깻묵에서 추출된 단백질과 탄수화물 성분인 분리대두단백은 두유, 이유식, 환자용 회복식이나 소시지, 햄, 맛살 같은 육류 가공품에 사용되고 있습니다. 우리나라에 수입되는 식용옥수수는 2011년 기준으로 절반 정도가 GM 옥수수에 해당합니다(한국바이오안전성정보센터, 2012, 4:69).* 한국에 수입되는 GM 옥수수의 대부분은 전분과 전분으로 만든 전분당인 과당, 물엿, 올리고당 등을 만드는 데 사용하고 나머지는 옥수수차, 팝콘, 뻥튀기, 시리얼 등에 사용됩니다. 외식산업에 쓰이는 재료, 사료용 콩과 옥수수도 GMO 표시 대상이 아닙니다. 판매자가 의도하지 않게 GMO 원료가 상품에 혼합될 수 있는 것을 인정해주는 비의도적 혼합률도 3%로 유럽의 0.9%에 비해 매우 높습니다.

유럽에서는 가공식품과 유제품 등 전 품목에 유전자 조작 성분 표시제를 시행하고 있습니다. 우리나라의 경우 기존에는 GMO 표시 대상을 '상위 5개 주요 원재료'만으로 한정하였고 간장, 식용유 등은 GMO 표시 대상에서 제외되는 품목이었습니다. GMO 표시 확대에 대한 요구가 커지자 2015년 12월 개정된 식품위생법 개정에 따라 2016년 4월 고시된 시행 기준**에서 '모든 원재료'로 GMO 표시 기준을 확대하였습니다.

・・・・・・
*김훈기, 『생명공학소비시대 알 권리 선택할 권리』, 동아시아, 2013, 27쪽 재인용.
**식품의약품안전처 공고 제2016-155호.

QR코드를 이용한 GMO 표시에 대한 비판

미국에서 GMO 표시법이 제정됐지만 QR코드로도 대체 표시가 가능해 일반 소비자들이 단번에 GMO 재료가 포함되었는지 알 수 없다고 미국 버몬트 주의 시민단체가 비판하는 문구다.
ⓒ Vermont Right to know GMOs

그러나 '제조·가공 후 유전자변형 DNA 또는 단백질이 남아 있지 않은 경우는 GMO 표시를 하지 않아도 된다'는 규정이 그대로 남아 있어 우리나라 사람들이 가장 일상적으로 사용하는 재료인 간장과 식용유 등은 여전히 GMO 함유 여부를 표시하지 않게 됩니다.

식약처의 개정안 고시에는 비유전자변형식품(Non-GMO), 무유전자변형식품(GMO-Free) 표시 제한 규정을 두어 콩(대두), 옥수수, 면화, 사탕무, 알파파 등 6개 GMO 표시 대상이 아닌 농산물과 가공식품에는 비유전자변형식품(Non-GMO)과 무유전자변형식품(GMO-Free) 표시를 하지 않도록 하고 있습니다. 또한 GMO 표시 대상 농산물의 경우 GMO를 사용하지 않으면 Non-GMO, GMO-Free 용어를 사용할 수 있지만 이때 비의도적 혼합률은 인정하지 않는다고 개정안에 밝히고 있습니다.

유럽의 경우 Non-GMO 표기를 하는 식품에 GMO가 비의도적으로 혼합될 확률 0.9%를 인정하는 반면 우리나라의 경우 GMO가 혼합될 확률 0%에만 비유전자변형식품(Non-GMO)으로 표기를 할 수 있다는 것입니다. 조금이라도 섞여 있을 경우 처벌을 받을 수 있기 때문에 '0%'라는 기준은 사실상 Non-GMO, GMO-Free라는 문구를 사용하지 못하게 하는 제도라고 할 수 있습니다. 현재 시민단체들과 몇 명의 국회의원들이 이 개정안에 대해 문제를 제기하고 있습니다. 시민단체들은 GMO 원료 사용 여부 표기에 대하여 단백질 잔류 여부가 아닌 유럽처럼 원재료를 기준으로 할 것을 요구하고 있습니다.*

누가 GMO를 옹호할까

『GMO 바로 알기』라는 책의 공동저자인 이철호 고려대 명예교수는 학생들이 GMO에 대해 긍정적인 시각을 갖도록 하기 위해서 중·고등학교에 이 책을 보내는 일을 하고 있습니다.** 이 책에서는 몬산토에서 개발한 라운드업 레디 콩 등을 예로 들며 'GM 작물이 제초제 사용량과 노동시간을 줄여 농약으로 인한 토양 및 환경오염을 획기적으로 줄이는 등 농업분야 발전에 크게 기여하였다'고 적

· · · · · ·

*GMO 원료 사용 여부 표시를 변형DNA나 단백질이 남은 경우를 기준으로 하는 나라는 한국, 일본, 호주, 뉴질랜드이고, 유전자 변형 작물을 원재료로 사용한 경우를 기준으로 하는 나라는 EU, 중국, 브라질, 대만이다.
** 뉴스타파 목격자들, 〈GMO의 습격〉, 2016. 4. 23. 방송.

고 있습니다. 한국식량안보연구재단은 GMO에 대한 긍정적 인식을 확산시키기 위한 세미나, 홍보 등의 사업을 전개하고 있는데 이철호 교수는 '한국식량안보연구재단'의 이사장을 맡고 있습니다. 한국식량안보연구재단은 (주)CJ제일제당 사장, (주)대상 사장, (주)한국제분 사장, (주)삼양사 사장, (주)농심 사장이 이사진을 이루고 있습니다. 이 회사들은 2016년 식약처가 발표한 국내 주요 GMO 수입업체들입니다. 이들이 우리나라에서 GMO 선전을 담당하는 한국식량안보연구재단의 운영비와 활동비를 대고 있는 것입니다. 몬산토코리아는 2015년 이 재단에 5,100여만 원을 내서 『GMO 바로알기』라는 책을 6,000부를 구매하여 전국 중고등학교에 배포하였습니다.

전북 완주에서는 농촌진흥청 산하의 국립농업과학원이 GM 벼를 야외에서 시험재배하고 있다는 사실이 밝혀져 GMO 씨앗과 꽃가루로 인해 농작물이 오염될 수 있다는 것을 우려하는 농민들이 항의 시위를 하기도 했습니다.* 정부는 99% GMO가 유출될 염려가 없다고 호언장담하지만 1%의 가능성이라도 GMO가 의도치 않게 농민들의 농산물에 섞이게 되면 유기농 인증이 취소될 수도 있는 상황이 되기 때문입니다. 경상남도 사천에 있는 경상대학교에는 GMO 시험 재배지가 있고 울타리 외에는 차단망도 갖추지 않은 야외 농토에 각종 GMO 작물을 재배하고 있습니다.**

이 GMO 시험 재배지 300m 인근에 학교급식에 제공하는 친환

● ● ● ● ● ●

* 대전MBC 시사플러스, 〈GMO, 얼마나 알고 드십니까?〉, 2015. 6. 30. 방송.
** 뉴스타파 목격자들, 〈GMO 구멍 뚫린 안전망〉, 2016. 8. 26. 방송.

우리나라 GMO 시험 재배지에서 자라고 있는 GMO 농산물

전북 완주, 경상남도 사천 등 GMO 시험재배지에 울타리 외에 차단막도 없는 상태에서 GM벼를 포함한 각종 GMO 농작물들이 시험재배되고 있다. 출처: 뉴스타파 목격자들, 〈GMO 구멍 뚫린 안전망〉, 2016. 8. 26. 방송.

경 농산물 재배지가 있습니다. 2016년 3월 전북 지역 농민들과 환경단체들이 정보공개 청구를 한 결과 정부는 2015년부터 전국 7개 지역에 10개 품목의 GM 작물을 시험재배하고 있거나 재배 예정이라고 밝혔습니다.

농촌진흥청은 다른 나라도 발빠르게 진행하고 있는 GM 작물 개발을 서둘러야 한다는 입장을 가지고 있습니다.* 식약처가 GM 농산물 수입 업체를 공개하지 않으면서 기업의 '영업비밀'을 지켜주고 GMO 원료 사용에 대한 완전표시제를 꺼리는 것도 현재 우리 정부가 GM 작물을 개발하여 세계 경쟁력을 확보하는 정책방향을 갖고 있기 때문입니다.

• • • • • •

* KBS 시사기획 창, 〈식탁 위 GMO, 알고나 먹읍시다〉, 2016. 6. 21. 방송.

강원대학교 임학태 교수는 1990년대에 한국에서 손꼽히는 GMO 개발자로 2015년까지 GMO를 연구했습니다. 그가 개발한 제초제 저항성 브로콜리는 글로벌 GMO 기업인 몬산토사가 소유하고 있으며, 그가 개발하여 특허를 획득한 복합제초제 저항성 감자는 몬산토사의 제초제 '라운드업 레디'와, 또 하나의 글로벌 GMO 기업인 바이엘사의 제초제 '바스타'에 내성을 갖는 종자입니다.* 그런 그가 2016년 GMO 반대를 선언하고 나섰습니다.

그는 한 강연에서 '라운드업 레디' 제초제의 주성분인 글리포세이트가 흙 속에서 자연분해된다는 몬산토 사의 말에 속아서 GMO를 개발했다고 하면서 사과했습니다. 그는 급증하는 질병과 GMO의 상관관계를 분석한 오로지 돌세네의 『한국의 GMO 재앙을 보고 통곡하다』와 이 책에 인용된 300여 편의 외국 논문을 자신이 직접 검토하는 과정에서 GMO의 위험성을 깨닫게 되었다고 말합니다. 그는 누구도 그 결과를 책임질 수 없으면서 생태계를 오염시킬 수 있는 GMO를 전국 각지에서 시험재배하고 있다는 것은 매우 위험한 일이라고 합니다. 그는 "우리 정부가 GMO 개발 강국을 꿈꾸거나 GMO 표시 기준 논쟁에 머물 것"이 아니라 "우리 토종 종자와 친환경 식품에 관심을 가지면서 사람을 살리고 토양을 살리는 길을 찾아 우리나라 농·생명 산업이 재도약할 수 있는 길을 찾을 수 있는 기회로 삼자"**고 제안합니다.

• • • • • •
* 뉴스타파 목격자들, 〈GMO 구멍 뚫린 안전망〉, 2016. 8. 26. 방송.
** 대전MBC 시사플러스 GMO, 〈얼마나 알고 드십니까?〉, 2015. 6. 30. 방송.

농약,
누구를 위한 것인가

문용린 교육감이 재직하던 때 서울시 교육청에서 만든 프리젠테이션 자료 중에 '농약은 과학이다'라는 문구가 화제가 된 적이 있었어요. 농약을 사용하지 않은 친환경 급식이 아니어도 농약은 기준치가 과학적으로 관리만 잘되면 아이들 건강에 큰 문제가 없으므로 학교 급식의 친환경 재료 사용 기준을 완화하자는 것이었죠. "흙을 살리고 생명을 살리는" 먹거리 협동조합을 표방하고 있는 '한살림'의 경우 '농약은 과학이다'라는 문구를 사용한 현직 교육감의 재선을 막기 위해 캠페인을 벌이기도 했습니다. 그렇다면 농약은 무엇이 문제일까요?

제2차 세계대전 당시 화학무기를 만들어 팔던 화학 회사들은 제2차 세계대전이 끝나자 전쟁 후에도 사업을 이어갈 수 있는 방법을 고민합니다. 이런 과정을 통해 탄생한 것이 농약입니다. 농약은 전쟁이 없는 상태에서도 지속적으로 팔 수 있고 농부들이 농약을 쓰면 쓸수록 농업은 농약에 더 의존하게 되기 때문에 농약을 제조하는 화학회사들은 계속 돈을 벌게 되는 것이죠.

인도의 경우 WTO에 가입하여 1997년 면화시장이 개방되고 면화보조금이 폐지되면서 수확량을 늘려준다고 광고하는 유전자 조작 Bt 목화를 사용하는 농민들이 늘어났습니다. Bt 목화는 농약을 쓰지 않아도 되는 종자라고 해서 일반 목화 종자보다 가격이 높았습니다. 가난한 농민들은 비싼 이자를 내는 돈을 대출하여 Bt 종자를 사서 재배하기 시작했습니다. 인도의 민간단체인 생물다양성보호연합에서 진행한 2003년 연구에 따르면 Bt 목화는 일반 목화 재배 비용보다 1에이커(약 1,223평 4,047m²) 당 1,092루피가 높았고 순이익은 에이커당 평균 5,368루피였지만, Bt 목화 농사에서는 1,295루피의 순손실이 발생했습니다. 2005년의 조사에서도 비슷한 결과가 나왔다고 합니다. 제초제와 살충제 등 농약 사용량은 Bt 목화 파종 초기인 2002년과 2003년에는 일반 목화에 비해 농약 사용량이 약간 적었지만 2005년 평균 농약 구입비용은 일반 목화의 경우 1에이커당 1,311루피, GMO 목화의 경우 1,351루피였습니다. 2012년 현재 인도 목화 경작지의 90%가 Bt 목화를 재배하고 있습니다. 수확량이 예상에 미치지 못하면서 많은 농민들이 큰 빚을 지게 되고 농약을 마시고 자살하는 농민들이 늘어나게 됩니다. Bt 목화 종자가 인도의 종자 시장 전체를 장악해버렸기 때문에 농민들은 종자 가게에 가도 일반 목화 종자를 찾기 어렵다고 합니다.

아르헨티나는 미국과 브라질에 이어 세계에서 세 번째로 콩을 많이 재배하는 나라입니다. 1996년 광우병의 여파로 식물성 사료의 수요가 급증하면서 국제 곡물 시장에서 대두 값이 껑충 뛰었습니다. 농민들은 옥수수, 밀, 해바라기와 재래 콩 재배를 중단하고 수확량이 많고 재배가 편리하다는 GMO 대두인 라운드업 레디 대두를 심기 시작했습니다.

미국에서 생산되는 콩의 90%는 몬산토에서 생산되는 GMO 콩인 라운드업 레디 대두입니다. 라운드업 레디란 라운드업이라는 제초제를 뿌려도 죽지 않는다는 의미입니다. 라운드업 제초제는 라운드업 레디 콩을 제외한 모든 녹색식물을 죽일 수 있기 때문에 라운드업 레디 콩을 재배하는 미국 농부들은 다른 제초제를 사용하지 않고 라운드업 제초제만 뿌려주면 됩니다. 라운드업 제초제는 글리포세이트와 10여 종의 보조물질을 혼합하여 만들어집니다. 글리포세이트는 망간, 아연, 붕소 등의 영양소를 식물이 흡수하지 못하게 하고 뿌리가 마그네슘을 흡수하지 못하게 합니다. 사람이 섭취했을 경우에는 면역기능을 하는 장내 미생물을 죽이게 됩니다.* 이 라운드업 제초제에 유일하게 살아남을 수 있는 것이 라운드업 레디 콩이라는 GMO 종자입니다.

2010년 현재 아르헨티나 전체 경작지의 68% 정도에 해당하는 1,800ha에 이르는 대두 재배지 대부분에서 GMO 품종이 재배되고 있습니다. 그런데 라운드업 레디 대두에 맞는 라운드업 제초제만 사용하자 여기에 내성을 가진 잡초가 생겨납니다. 이에 따라 매년 100만ℓ 정도였던 글리포세이트 계열 제초제 사용량이 2005년에 1억 5,000만ℓ로 급증합니다. 농약 사용량의 급증으로 팜파스 토양이 척박해지고 농약에 노출된 주민들은 유산, 태아의 조기 사망, 갑상

* * * * * *
* 오로지 돌세네, 『한국의 GMO 재앙을 보고 통곡하다』, 명지사, 2015, 133쪽.

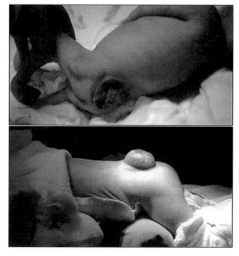

유전자 변형 콩 재배지에서 태어난 기형아들

아르헨티나의 코르도바 주에 사는 마리아 고도이의 증언(2009)에 따르면 계속해서 환자들이 생겨나는 동안 30명의 아이들을 대상으로 혈액 검사를 했는데, 30명의 혈액에서 모두 농약 성분이 검출되었다.
ⓒ elparanaense

선 및 호흡기 이상 신장과 내분비선 장애 그리고 암, 간질환, 피부질환에 이르는 여러 질병을 앓게 되었습니다.* 2009년 아르헨티나에서 다국적 GMO 기업의 무차별 농약 살포를 중단하라는 시위를 했던 한 주민의 증언은 다음과 같다.

"나는 유전자 변형 콩 농작 지역에서 살았는데, 대부분의 엄마들이 암을 가지고 있었고, 기형아를 낳거나 아이들이 백혈병을 앓는 일이 많았다. 작은 비행기들이 계속해서 농약을 뿌렸고 신생아의 약 30%가 턱뼈 없이, 횡격막 없이, 신장이 덜 형성된 채로 태어났다. 17, 18세의 아이들이 빈혈이나 희귀병으로 죽었고, 300여 명의 암 환자가 등록되었지만 정부는 이러한 문제들을 계속 부인했다."**

● ● ● ● ● ●

* 같은 책, 115쪽.

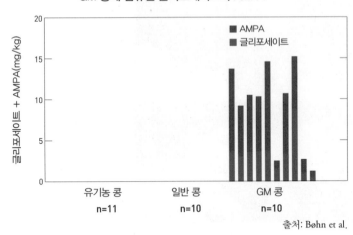

GM 콩에 함유된 글리포세이트와 AMPA*

출처: Bøhn et al.

2014년 노르웨이 연구팀은 GM 콩에 어느 정도의 글리포세이트가 함유되어 있는지 발표했습니다. 그들은 미국 아이오아 주에서 생산되는 3가지 콩(라운드업 레디 GM 콩, 일반 콩, 유기농 콩)의 글리포세이트 함유량을 검사한 결과 GM 콩은 1kg당 평균 3.26mg의 글리포세이트와 5.7mg의 AMPA가 함유되었다고 발표했습니다.

AMPA(Aminomethylphosphonic acid)는 글리포세이트가 변형된 물질로서 독성이 글리포세이트만큼 강하다고 합니다. 수입되는 GMO 농산물에서 글리포세이트 잔류량 허용 기준치는 우리나라에서 생

● ● ● ● ● ●

** 이주영, 「해외리포트 "아이들의 발목이 썩어가고 있어요" 농약 비 내리는 아르헨티나의 비극」, 오마이뉴스, 2009. 10. 5.

* Bøhn, T. et al. (2014). Compositional differences in soybeans on the market: Glyphosate accumulates in roundup ready GM soybeans, Food Chemistry, No.153, pp.207~215; 오로지 돌세네, 『한국의 GMO 재앙을 보고 통곡하다』, 명지사, 2015, 137쪽에서 재인용.

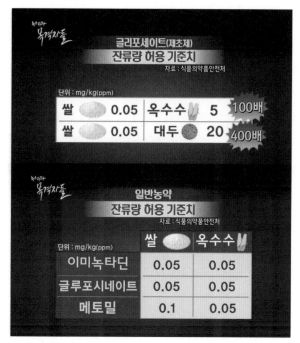

GMO 농산물의 농약 잔류 허용치

GMO 작물에 사용하는 농약의 주성분인 글리포세이트 잔류량 허용기준치는 국내에서 주로
생산되는 농산물과 비교했을 때 매우 높으며 다른 일반 농약과 비교했을 때도 허용수준이 매
우 높다. 출처: 뉴스타파 목격자들, 〈GMO 구멍 뚫린 안전망〉, 2016. 8. 26. 방송.

산되는 농산물과 비교했을 때 그리고 다른 일반 농약에 대한 허용
기준치와 비교했을 때 매우 높습니다.

일본의 나고야 대학 유전학과 교수인 가와타 마사하루는 글리포
세이트 잔류허용 기준은 GMO 수출국인 미국이 다른 나라에 압력
을 행사해 허용 기준치를 대폭 완화한 결과라고 주장합니다. 그는 일
본 후생성에 수입 GMO 작물 안전성 검사 자료를 요청하여 500여
페이지에 달하는 보고서를 확인한 결과 GMO 안전성 검사가 매우

허술하다는 것을 발견합니다. 몬산토가 제초제 안전성 검사에서 제초제를 사용하지 않은 GM 콩을 사용했다는 것입니다. 우리나라에서도 안전성에 대해서는 정부가 직접 검사하는 것이 아니라 기업이 낸 안전성 검사 보고서에 의존합니다.* 2015년 글리포세이트는 세계보건기구(WHO) 산하 국제암연구센터에서 발암추정물질로 규정되었습니다. 정부는 안전성 검사를 기업 측이 제시한 보고서에 의존하는 것이 아니라 자체적으로 검사하는 과정을 갖춰야 합니다.

　농약은 농약을 사용하는 현지의 농민들과 농약으로 재배되는 먹거리를 구입하는 소비자 그리고 식량이 생산되는 농토를 병들게 합니다. 공정무역 제품은 대부분 농약을 쓰지 않는 유기농 방식으로 재배합니다. 기업의 이윤보다는 농민, 소비자의 건강, 건강한 토지에서의 지속가능한 농업을 더 큰 가치로 생각하기 때문이지요.

　프랑스의 공정무역 신발회사 베자는 브라질에서 공정무역 방식으로 생산된 유기농 목화와 아마존 유역의 천연고무를 이용하여 신발을 만들고 있습니다.** 베자는 현지 생산자들이 목화를 팔아 자녀를 교육하는 등 지속가능한 삶을 살 수 있을 만큼의 적정한 가격을 지불합니다. 베자와 거래하는 브라질 농부들은 유기농법이라는 약속을 지키기 위해 농약이 아닌 목화씨를 이용하여 벌레를 퇴치하는 약을 개발하여 사용하고 있습니다. 베자와 거래하는 브라질 농민들은 농약을 더 이상 쓰지 않게 되면서 더 건강해졌고 아이들을 교육

• • • • • •
* 뉴스타파 목격자들, 〈GMO 구멍 뚫린 안전망〉, 2016. 8. 26. 방송.
** MBC스페셜, 〈세상을 바꾸는 실험 – 대안기업가들, 제1부 생산자가 행복하면 소비자도 행복하다〉, 2007. 10. 20. 방송.

할 수 있을 정도의 적정한 노동의 대가를 받을 수 있게 되면서 행복해졌다고 말합니다. 베자와 거래하고 있는 농부의 자녀들은 일자리를 찾아 도시로 떠나는 대신 농촌에 남아 농사에 대한 교육을 받습니다.

지역 먹거리(Local Food) 운동은
공정무역과 다른 길인가

지역 먹거리 운동을 강조하는 사람들은 공정무역은 농업을 살리는 대안이 될 수 없다고 합니다. 지역 먹거리 운동이란 자신이 사는 곳에서 가까운 지역에서 생산된 먹거리를 소비하자는 운동입니다. 지역 먹거리 운동가들은 공정무역의 문제점을 지적합니다. 아무리 유기농으로 생산된 먹거리라 하더라도 비행기나 배로 먼 거리를 운반하여 오는 먹거리는 석유에 지나치게 의존하고 있어 석유고갈 시대를 맞아 지속가능하지 않다는 것입니다. 또한 공정무역을 통해 거래되는 커피의 경우 현지 생산자들의 식량이 아니기 때문에 현지 생산자들이 식량문제에 자립하는 데에 도움이 되지 않는다는 문제도 지적합니다. 공정무역을 통해 좀 더 소득이 늘지는 몰라도 자신의 생계를 선진국 소비자에게 의존하는 구조는 더욱 고착된다는 것이지요.*

지역 먹거리를 강조하는 한살림 협동조합에서 나오는 먹거리에

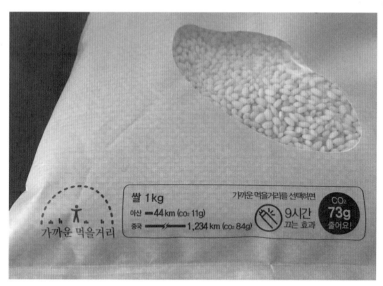

'가까운 먹을거리'와 에너지절약

한살림 협동조합에서 생산된 쌀에는 가까운 먹을거리를 선택하면 얼마만큼 에너지를 절약할 수 있는지 표시되어 있다. ⓒ 전국사회교사모임

는 식품거리(Food Miles)가 표시되어 해당 먹거리를 구입했을 경우 원거리 먹을거리에 비해 얼마만큼 에너지가 절약되는 것인지를 소비자에게 알려줍니다.

　물론 '신토불이'로 표현되는 지역 먹거리를 이용하는 것이 우선되어야 합니다. 그래서 태국의 재스민쌀 생산조합처럼 공정무역 쌀이 생산되고 다른 나라에서 생산되는 유기농 밀가루가 있다 하더라도 우리나라에서 생산되는 쌀이나 밀가루를 더 우선적으로 소비하는 것이 필요합니다. 그러나 우리나라에서 생산되지 않는 코코아나

* 강양구·강이현,『밥상혁명』, 살림터, 2009, 279쪽.

커피 같은 경우 공정무역 제품을 우선적으로 소비하는 것이 현지 생산자들의 삶을 개선시키는 데 도움이 되는 것은 분명합니다. 마스코바도 설탕처럼 공정무역 제품을 생산하는 현지 생산자들은 협동조합을 구성하고 수익의 일부를 지역 발전기금으로 적립합니다. 이를 이용해 그전에는 가지지 못한 땅을 주민들이 공동으로 소유하고 식량 작물 재배를 시작할 수 있었습니다.

　푸드 매터(Food Matters)라는 단체의 빅토리아 윌리엄스는 "먹을거리의 우선순위를 따져야 한다"며 자신의 경우 ① 유기 농업으로 생산된 지역 먹을거리 ② 관행농업으로 생산된 지역 먹을거리 ③ 유기 농업으로 생산된 먹을거리 ④ 공정무역 먹을거리 순*으로 할 것을 권장합니다.

· · · · · ·
* 같은 책, 278쪽.

내가 선택한 미래

    소비자인 우리로서는 어떤 화학첨가물이 얼마만큼 들어 있는지, 농약이 얼마나 사용되었는지, 유전자 변형 식품이 들어가 있는지 눈으로는 도저히 구별할 수 없습니다. 수업시간에 학생들은 합리적 선택을 할 수 있어야 한다고 배웁니다. 경제 교과서에서 배우는 합리적 선택이란 들어가는 비용에 비해 만족이나 이익이 큰 것을 선택하는 것을 의미합니다. 그런데 이 기준만을 생각하여 먹거리를 선택한다면 우리는 몸에 가장 해로운 것을 선택하기 쉽습니다.

    화학첨가물이 들어가 있으면 우리의 입맛을 쉽게 만족시키고 농약을 포함한 각종 화학약품을 사용하면 더 탐스러워 보이면서도 더 많이 수확할 수 있습니다. GMO 원료를 사용하여 생산하면 제품의 가격은 저렴해집니다. 하지만 소비자가 저렴한 가격을 선택의 기준으로 삼게 되면 건강에 해로운 먹거리를 소비하게 될 가능성이 커집니다. 거대 식품기업들이 농약을 사용한 재료를 사용하고 각종 화학 첨가물들을 더 많이 넣고 GMO 종자를 사용한 식품을 더 많이 만들어내는 것도 더 많은 이윤을 우선적으로 고려하기 때문입니다.

'먹거리 관계망'이라는 용어는 이러한 문제에 접근하는 새로운 시각을 제시합니다. 대안 먹거리를 연구해온 허남혁은 『내가 먹는 것이 바로 나』라는 책에서 '먹거리 관계망'을 통해 나와 우리 사회를 한번 생각해보자고 제안합니다.* 우리는 어떤 것을 먹을 때 내가 쓴 비용과 나의 만족을 비교하는 것, 즉 그것과 나를 일대일로 대응시키는 것에 머물기 쉽습니다. 우리가 어떤 것을 먹을 때 우리는 그 먹거리의 관계망 전체, 즉 그 먹거리가 생산되는 세계 자체를 먹게 됩니다. 그리고 그것이 나이고 나의 세계가 됩니다.

우리는 하나의 먹을거리를 선택하면서 내가 사는 세계의 생산 시스템을 선택하고 있고 그 시스템이 작동하는 세계를 선택함으로써 이 세계를 지속시킵니다. 지금 내가 유기농을 한 번 더 선택하고 공정무역 제품을 한 번 더 선택한다면 우리는 더 나은 미래를 오늘 여기로 불러오는 것입니다.

* 허남혁, 『내가 먹는 것이 바로 나』, 책세상, 2008.

부록

학교에서
공정무역 실천하기

학교에서 공정무역을 실천할 수 있는 효과적인 방법에는
어떤 것이 있을까

공정무역 동아리 운영은 학교에서 일회성 행사가 아닌 지속성을
가지고 다양한 공정무역 관련 활동을 전개할 수 있는 효과적인 방
법입니다. 공정무역 동아리는 관심이 있는 선생님께서 중심이 되어
학생들을 모아 교육과정 내 동아리로 조직하여 운영할 수도 있고,
학생들 스스로 자율동아리로 공정무역 동아리를 만들어 활동할 수
도 있습니다. 단, 두 경우 모두 구체적인 실천 활동을 할 때에는 기
획단계 부터 학생들이 참여하고 실제 운영도 학생들이 중심이 되도
록 보장하는 것이 공정무역 실천의 효과를 높일 수 있는 길입니다.
동아리 구성은 15명에서 20명 정도가 적절합니다. 구성원이 너무
적을 경우 공정무역 홍보 캠페인, 공정무역 체험 부스 운영 등 실천
활동을 할 때 한 사람이 맡아야 하는 역할이 많아서 부담이 됩니다.
반면 20명이 넘을 경우에는 소외되거나 활동 참여에 소극적인 학생
들이 생겨나는 등 짜임새 있게 동아리를 운영하기 어려울 수 있습
니다.
동아리 운영과 관련된 주요 활동을 시기별로 정리하면 다음과 같
습니다.

3월: 동아리 홍보 및 조직, 연간 활동 안내 및 실천 계획 세우기
3월 초 공정무역 동아리에 대한 홍보 자료를 만들어서 학교 곳곳
에 게시합니다. 이때 대표적인 공정무역 제품이자 학생들이 좋아하
는 초콜릿, 코코아, 바나나 등을 활용한 먹거리 체험활동, 실 팔찌

<공정무역 동아리>- 가칭: 착한 초콜릿

1. 공정무역 동아리는 무엇을 하나요?
공정무역에 대해서 알아보고, 시민들과 학생들의 소비 기준이
바뀌도록 홍보활동을 합니다.

2. 공정무역에 대해서 무엇을 배우나요?
→공정무역 관련 시민단체 간사들과 시민 자원봉사자들의
강의를 듣습니다.
→공정무역에 대한 책을 같이 읽고 공부합니다.

3. 어떤 활동을 하나요?
공정무역 시민단체와 판매처 등을 방문합니다.
아름다운커피, 공정무역 카페, 공정무역연합회 등등

4. 더 재미있는 활동은 없나요?
→세계 공정 무역 축제에 참여합니다.(5월)
→11월에는 학교에서 공정무역 응원 캠페인을 조직합니다.
초콜릿 판매, 공정무역 제품 홍보
★담당샘: 이수영 샘-교무실
★비용: 교통비

공정무역 동아리 홍보자료
학기 초에 공정무역 동아리 활동
을 안내하는 홍보물이다. 공정무
역과 관련된 구체적 활동을 예시
해주고 장소 등을 안내한다. 공정
무역 초콜릿 등의 그림 이미지를
활용하고 재미있는 활동을 예로
들어 학생들이 동아리 활동을 함
께 하고 싶은 마음이 들도록 제
작한다.

및 커피 콩 보온 주머니 만들기 등 흥미로운 활동이 있음을 알리고,
봉사활동과 연계하여 공정무역 동아리 활동을 진행할 계획임을 밝
히는 것도 학생들의 참여를 높일 수 있는 방법입니다. 실제로 학교
장의 결재를 받고 방과 후에 동아리 차원에서 공정무역 홍보 캠페
인을 전개하거나 관련 시민단체가 주최하는 활동에 참여하고 봉사
활동 시간을 받을 수 있습니다.

동아리 조직이 완료되면 연간 활동에 대한 대략적인 설명을 한
후, 학생들과 함께 구체적인 실천 내용을 정하고, 활동 규칙 등을 정
하는 시간을 갖도록 합니다.

4월: 공정무역 공부하기

4월에는 공정무역에 공감할 수 있도록 관련 책을 읽고 공부하는 시간을 갖도록 합니다. 공정무역에 관한 쉬운 책들부터 선정해서 같이 읽고 독서 후 토론 활동을 진행합니다. 학교 예산을 확보하여 공정무역 주제에 관한 윤독 도서 세트를 마련해 활용하는 것을 추천합니다.

공정무역 관련 단체의 도움을 받아 공부할 수도 있습니다. 예를 들어, 재단법인 '아름다운커피'에서 운영하는 '공정무역 교실'에 참여하는 것이 대표적인 방법입니다. 아름다운커피 홈페이지(www.beautifulcoffee.org)를 통해 교육 신청을 하면, 공정무역 홍보를 담당하는 자원 봉사자인 시민대사가 학교를 방문해 공정무역에 대한 수업을 진행해주십니다. 강의는 물론 간단한 게임, 퀴즈 등의 활동과 공정무역 제품을 만드는 생산자들의 삶을 들여다볼 수 있는 구체적인 이야기 등을 들을 수 있습니다.

5월: 세계 공정무역의 날 축제 참가

5월 둘째 주 토요일에는 공정무역 관련 단체들이 주축이 되어 '세계 공정무역의 날 축제'를 개최합니다. 축제에 대하여 학생들에게 안내하고 동아리 부원들과 함께 현장 체험학습을 다녀오는 것을 추천합니다. 그곳에서 실제 공정무역 활동가 및 단체들의 다양한 활동을 엿봄으로써 공정무역에 대한 이해를 높이고, 학교에서 할 수 있는 공정무역 동아리의 활동의 구체적인 내용 및 2학기에 있을 동아리 발표 대회를 어떻게 준비하여 운영할지 등에 대한 아이디어도 얻을 수 있습니다.

세상에 대하여 우리가 더 잘 알아야 할 교양 1. 공정무역
아드리안 쿠퍼 지음, 전국사회교사모임 옮김, 박창순 감수,
내인생의책, 2010.

지구촌 아름다운 거래 탐구생활
한수정 지음, 송하완 그림,
파란자전거, 2016.

착한 설탕 사오너라
한미경 지음, 이지영 그림,
학고재, 2012.

공정무역 행복한 카카오 농장 이야기
신동경 지음, 김은영 그림,
사계절, 2013.

착한 공정 여행–호텔 대신 랏지네 집에서 머물러요
주느비에브 클라스트르 지음, 허보미 옮김, 뤼실 플라생 그림,
내인생의책, 2016.

공정무역 윤독 도서 목록
북서울 중학교 학생들을 대상으로 한 공정무역 윤독 도서 목록 예시. 초등학교 고학년 학생들
이 읽는 동화책부터 공정무역에 대한 자세한 이야기가 실린 청소년 대상 도서까지 선정해 읽
기 능력과 개인의 취향에 따라 선택해서 읽도록 안내한다.

북서울중학교에서 실시한 공정무역 교실
'아름다운커피'로 신청하면 학교로 직접 시민대사가 방문하여 '공정무역 교실'을 진행한다. '바나나 값 나누기 게임'을 통해 생산자들에게 공정한 대가를 지불하는 것에 대해 1학년 학생들이 토의하는 장면이다. ⓒ 중앙일보

6월: 공정무역 응원 캠페인

교내에서 선생님들과 학생들을 대상으로 공정무역 응원 캠페인을 기획하여 운영합니다. 동아리 시간을 활용하여 공정무역 홍보물과 응원 포스터 등을 만들어 캠페인 날을 전후하여 2주 정도 전시를 합니다. 동아리 활동 예산을 활용하여 공정무역 초콜릿, 쿠키, 커피 등을 구입하여 판매하고, 커피 콩 볶기, 바리스타 체험, 포스트잇을 활용한 응원 메시지 보내기 등의 활동으로 캠페인을 진행합니다. 판매 수익금은 관련 단체에 학교 이름 또는 동아리 이름으로 기부합니다. 이는 학생들로 하여금 공정무역 운동에 동참했다는 것을 실감할 수 있게 만들어줍니다.

9월: 공정무역 관련 단체 방문

방문하고자 하는 곳의 담당자와 사전에 연락을 하시어 학생들에게 간단한 설명과 안내를 부탁드립니다. 실제 제품이 판매되는 매장에서 소비자를 만나 인터뷰도 하고, 그곳에서 일하시는 분들과 대화를 하면서 공정무역의 현실을 살펴볼 수 있습니다. 아울러 사회적 경제 분야에서 일하시는 분들을 보며 다양한 진로에 대해서도 알게 됩니다.

10월: 세계 빈곤퇴치의 날 기념 캠페인 참여

10월 17일 세계 빈곤퇴치의 날을 맞이해 교내에서는 생산자에게 '희망 엽서 쓰기'를 진행합니다. 점심시간 등을 이용해 학생들이 공정무역 생산자에게 보내는 엽서를 쓰고 나무 등에 매달아 모두가 읽어 볼 수 있도록 합니다. '공정무역 작은 책 만들기'도 재미있는 활동입니다. 도움 자료는 아름다운커피 등 관련 단체에 요청하여 제공받을 수 있습니다.

학교 주변에서 지역주민들을 대상으로 공정무역 캠페인을 전개할 수도 있습니다. 이때 학교 학부모회의 협조를 얻어 학부모님들과 함께 하는 것이 캠페인을 좀 더 원활하게 진행할 수 있는 방법입니다. 또는 마을에 있는 공정무역 제품 판매 매장 등과 연계해서 진행할 수 있습니다.

11월: 공정무역 교실 캠페인 발표대회 참여

공정무역 동아리에서 1년 동안 진행한 활동 내용을 정리하여 아름다운커피에서 주관하는 '공정무역 교실 캠페인 발표대회'에 참석

북서울중학교 교내 공정무역 응원 캠페인 – 초콜릿 판매, 커피 콩 볶기

'세계 공정무역의 날' 또는 '세계 빈곤 퇴치의 날'을 맞이해서 교내에서 공정무역 응원 캠페인을 한다. 공정무역 동아리나 공정무역 캠페이너가 중심이 되어 사전에 캠페인 내용에 대한 계획을 세우고 점심시간과 방과후를 이용해 학생쉼터 등의 공간에서 공정무역 초콜릿을 판매하고 공정무역 커피 콩 볶기 등의 체험 행사를 진행하는 모습이다. ⓒ 전국사회교사모임

교외(지역사회, 마을) 공정무역 캠페인

교내뿐 아니라 교외에서 시민들을 대상으로 공정무역을 알리는 캠페인 활동을 한다. 마을에서 하는 캠페인은 사전에 학부모회 등의 협조를 얻거나 지역사회 관계자와 협력해서 기획할 수 있다. 이 사진은 2014년에 북서울중학교 학생들이 공정무역 커피 등을 판매하는 마을 카페 근처에서 시민들을 대상으로 공정무역을 알리는 모습이다. ⓒ 전국사회교사모임

합니다. 우리 학교의 사례를 발표하고 다른 학교의 실천사례를 들으며 공정무역을 응원한 학생들과 연대감을 느껴볼 수 있습니다. 또한 다른 학교의 활동 사례에서 내년 활동을 위한 새로운 아이디어를 얻을 수 있습니다.

12월: 동아리 발표회

2학기 교내 동아리 발표회에 다양한 부스체험을 기획하여 운영합니다. 공정무역 먹거리를 활용한 음료와 간식 만들어 판매하기, 공정무역을 응원하는 실 팔찌 만들기 및 판매, 공정무역 커피 찌꺼기를 이용한 방향제 만들기, 커피 콩을 주머니에 넣어서 만드는 보온 주머니 만들기 등 공정무역 제품과 관련된 소품 만들기 활동을

공정무역 교실 캠페인 발표대회

매년 11월에는 아름다운커피에서 주최하는 공정무역 교실 캠페인 발표대회가 있다. 공정무역을 실천한 학교들이 모여 공정무역을 배우고 알린 것을 서로 나누는 대회이다. 2014년에는 서울 시민청에서 공정무역 교실 캠페인 발표대회가 열렸다. 그 자리에서 아시아 공정무역 생산자의 이야기를 직접 들을 기회가 있었다. ⓒ 아름다운커피

할 수 있습니다.

우선 공정무역 제품을 활용해서 판매할 수 있는 먹거리를 찾아봅니다. 메뉴를 정하고 역할을 분담해서 미리 재료를 활용해 간식을 만들어 봅니다.

공정무역 코코아와 우유를 활용해서 따뜻한 코코아를 만들어서 판매합니다. 시중에서 판매하는 코코아에 비해서 맛이 진하고 단맛이 덜한 이유에 대해 설명해줍니다. 공정무역 설탕으로 달고나를 만들거나 코코아와 설탕을 이용해 초코 쿠키를 구워서 함께 판매할 수 있습니다.

공정무역 제품을 이용해 작은 소품을 만드는 부스를 기획할 수 있습니다. 무엇을 만들지 정하고 역할을 분담합니다. 만들기나 체험 순서를 하드보드지에 순서대로 적어서 체험하는 학생들이 쉽게 따

라할 수 있도록 합니다. 일부 제품은 미리 제작해서 체험 시간이 부족한 학생들에게 판매하는 것도 좋습니다.

커피 방향제를 만들 때는 커피 찌꺼기를 충분히 말려서 사용해야 합니다. 시중에서 판매하는 천주머니에 커피 찌꺼기를 넣고 주머니를 꾸미는 체험 활동을 계획합니다. 커피 콩으로 친환경적인 보온주머니를 만드는 경우 미리 공방 등에 의뢰해 천주머니를 만들고 학생들이 콩을 넣어 윗부분만 직접 바느질해서 커피 콩 보온주머니를 완성합니다.

공정무역 응원 실 팔찌는 공정무역을 상징하는 색인 검정, 하늘, 초록색의 십자수 실을 꼬아서 만들 수 있습니다. 공정무역 실 팔찌를 착용하고 사진을 찍어 SNS 등에 올리며 공정무역을 응원하고 주변에 알리는 활동도 할 수 있습니다.

공정무역 카페

동아리 발표회나 학교 축제에서 공정무역 동아리가 부스를 열 수 있다. 학생들을 대상으로 설탕으로 달고나 만들기 체험을 하거나 공정무역 코코아로 핫 초콜릿이나 아이스 초콜릿 음료를 만들어 판매한다. 시중의 초콜릿 음료에 비해서 왜 맛이 진하고 단맛이 덜한지 설명하면서 공정무역 제품의 의미를 함께 나누는 것도 좋다. 1회용 컵을 사용하지 않는다는 것을 미리 홍보해 학생 각자가 개인 컵을 가지고 오도록 안내한다. ⓒ 전국사회교사모임 공정무역 제품을 체험하는 공간을 꾸릴 수도 있습니다. 공정무역 설탕, 초콜릿, 커피 등을 직접 만지고 상품 포장지 등도 함께 볼 수 있도록 합니다. 가방, 옷, 신발, 인형, 화장품 등 공정무역 제품을 전시하고 착한 소비 활동을 할 수 있도록 동기를 부여합니다.

동아리 활동 이외의 학교 교육 활동에서 공정무역을 어떻게 활용할 수 있을까

공정무역을 주제로 교과 간 공동 수업 및 공통과제 수행평가 실시

교과 협의회 및 학년 협의회 등을 통해 사회과, 미술과, 영어과 등 공정무역을 학습 주제로 다룰 수 있는 교과에서 공동 수업을 진행하고 수행 평가도 공통 과제를 제시하여 실시합니다. 이때 수행평가 결과물을 전시하는 것도 학생들에게 공정무역을 알리고 친숙해지게 하는 데 효과가 큽니다. 예를 들어, 공정무역 관련 공통 수행평가로 공정무역 음료수 컵 디자인하기를 합니다. 사회과는 컵 디자인에 공정무역의 의미를 잘 담았는지에 초점을, 미술

공정무역 상품 체험존
공정무역으로 거래된 티셔츠나 가방, 파우치, 도장 등의 소품과 공정무역 설탕, 커피 등의 먹거리, 화장품 등을 전시한다. 학생들이 직접 만져보거나 상품 태그를 보면서 어느 지역에서 누구에 의해 만들어진 상품인지 살펴보게 한다. ⓒ 전국사회교사모임

공 정 무 역

팔찌

공정무역 팔찌란?

'하늘, 자연, **땅**' 이 세가지를 뜻하는 '파랑, 연두, **검정**'이 3가지 색으로

👍 **직접** 만든 **공정무역 팔찌**

총 2가지의 종류로
단돈 1000원!

여친과, 남친과 또는 절친과
커플팔찌, 우정팔찌도가능!

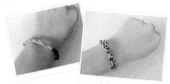

착용샷! 참 예쁘죠? ^0^
하나 만드는데 팔아프고 힘든데
천원에 파는건 **엄청 싸게 파는겁니다.**
이런가격으로 이런팔찌 못사요!

각 층 계단 앞 쉬는시간과 점심시간에 공정무역 초콜릿과 함께 판매됩니다 :D

공정무역 응원 실 팔찌

공정무역 동아리가 공정무역을 지지하는 실 팔찌를 만들어서 판매하거나, 직접 실 팔찌를 만드는 것을 체험하는 부스를 운영한다. 공정무역 마크에 들어가는 검정, 초록, 파란색은 인간, 자연, 하늘이 한데 어우러지는 것을 상징한다고 한다. 세 개의 색을 꼬아서 만든 실 팔찌를 착용하고 공정무역을 응원한다는 것을 알릴 수 있다.

과는 디자인의 미적 측면에 초점을, 영어과는 디자인에 포함된 로고의 영어 표현에 초점을 두고 평가합니다. 수행평가가 끝난 후 교실 복도, 학생 쉼터 등의 공간에 전시하여 다른 학생들에게 공정무역을 알리는 효과도 얻습니다.

공정무역 사진 전시회

공정무역 사진 전시회를 여는 방법도 있습니다. 관련 단체에 요청을 하여 전시회에 필요한 사진 자료를 구할 수 있습니다. 직접 택배비용을 부담하고 패널 사진을 대여하는 방법도 있고, 이메일을 이용하여 사진 파일을 받은 후 출력하여 전시할 수도 있습니다.

공정무역 음료수 컵 디자인 수행평가
공정무역에 대해서 수업한 후 수행평가로 실시하며 종이컵에 자신만의 공정무역 로고를 생각해서 그리며, 공정무역의 의미를 담아서 디자인한다. 큰 사이즈의 종이컵을 준비하고 네임펜이나 사인펜 등을 활용해서 그리도록 한다. ⓒ 전국사회교사모임

공정무역 북카페 운영

학교의 다양한 교육활동이나 행사와 연계하여 공정무역을 실천할 수 있습니다. 예를 들어, 학교 도서관과 협조하여 공정무역 도서를 소개하는 북카페를 운영해볼 수도 있습니다. 이를 통해 도서관

공정무역 사진전
공정무역 생산자의 이야기가 담겨 있는 사진 패널을 대여하거나 파일로 받아 컬러 출력해서 전시한다. 도서관이나 학교의 여러 공간을 활용해서 사진전을 진행한다. 공정무역 교실에서 사진 속 생산자의 이야기를 구체적으로 들을 기회도 있다면 공정무역에 대해 더욱 친근하게 느낄 수 있다. ⓒ 전국사회교사모임

을 혼자서 책을 읽는 조용한 곳에서 공적으로 의미 있는 활동을 함께하는 공간으로 만들 수도 있습니다.

공정무역 축구 경기

학교 체육대회에서 공정무역 축구공을 사용해서 경기를 진행합니다. 체육대회에서 학급별 축구대항전은 가장 인기 있는 종목 중의 하나입니다. 이때 상징적으로 공정무역 축구공을 시합에서 사용할 수 있습니다. 사전에 공정무역 축구공으로 시합한다는 것을 홍보하고, 대회 후에는 공정무역 축구공으로 시합하는 장면을 학교 홈페이지 등에 게시하여 여러 사람들이 볼 수 있게 합니다. 공정무역 제품이 매우 다양하다는 것을 알리고, 일상생활에서 작은 실천으로 공정무역에 참여할 수 있다는 것을 깨닫게 합니다.

공정무역 이야기로 연극 수업

학기말이나 시험 이후 문·예·체 강사와 협력해서 공정무역 연극 수업을 진행합니다. 공정무역 사례는 그 자체가 연극화할 수 있는 이야기를 가지고 있습니다. 생산자 스토리를 연극으로 각색해서 역할을 맡고 대본을 작성합니다.

지방자치단체나 각종 재단에서 각급 학교로 지원해주는 문화예술 프로그램의 연극 강사를 초빙해서 연극이나 드라마를 제작해볼 수 있습니다. 강사가 없더라도 책 본문에 나와 있는 생산자 스토리 등을 모둠별로 각색해 대본을 쓰고 역할을 나누어 연극을 한다면 공정무역에 대한 공감대가 커질 수 있습니다.

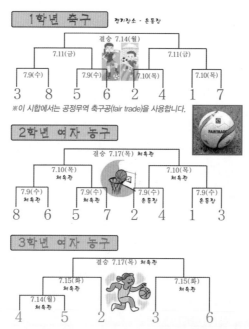

2014 학생회 학급대항 구기대회 대진표

1학년 축구
경기장소 · 운동장

결승 7.14(월)

7.11(금) 7.11(금)

7.9(수) 7.9(수) 7.10(목) 7.10(목)

3 8 5 6 2 4 1 7

※이 시합에서는 공정무역 축구공(fair trade)을 사용합니다.

2학년 여자 농구

결승 7.17(목) 체육관

7.10(목) 체육관 7.10(목) 체육관

7.9(수) 체육관 7.9(수) 체육관 7.9(수) 운동장 7.9(수) 운동장

8 6 5 7 2 4 1 3

3학년 여자 농구

결승 7.17(목) 체육관

7.15(화) 체육관 7.15(화) 체육관

7.14(월) 체육관

4 2 3 6

공정무역 공 이미지를 활용한 체육대회 홍보물과 축구경기 모습

북서울중학교에서 학교 예산으로 공정무역 축구공을 구입해 체육대회에 활용한 사진. 공정무역 공의 이미지를 활용해 학생회 주관 체육대회 홍보물을 제작하고 공정무역 공으로 축구경기가 열린다는 것을 알린다. ⓒ 박상준

학교에서 공정무역을 실천할 때 유의사항은 무엇일까

　1년 동안 학교 일정에 맞추어 적절하게 공정무역 활동을 계획하고 학교 측의 협조를 받아서 진행하는 것이 좋습니다. 특히, 내년도 학교 예산을 편성할 때, 공정무역 관련 예산을 확보하면 다양한 공정무역 활동을 진행하는 데에 많은 도움이 됩니다.

　각종 캠페인이나 부스에서 나온 수익금은 공정무역과 관련된 단체에 기부합니다. 행사 사전에 구체적으로 어느 곳에 기부되는지 공지하고 행사 후에도 수익금 내역과 기부하는 곳을 알립니다.

　공정무역 교실에 자원봉사자로 오시는 시민대사들은 강의 기술 등의 전문성이 교사와 다를 수 있습니다. 그럼에도 수업하시는 분들께 개인적 시간을 할애해서 공정무역을 지지하는 활동을 하게 된 이유를 짧게라도 소개해주시도록 부탁한다면 공정무역의 가치가 학생들에게 잘 전달될 수 있습니다.

그 밖의 실천 방법은?

- 학교 매점 등에서 공정무역 제품을 판매하도록 요구할 수 있습니다.
- 세계 공정무역 축제에 참가하고 소감문 등을 작성하는 것을 수행평가에 활용할 수 있습니다.
- 진로활동으로 공정무역 관련 단체의 종사자들을 초청하여 어떤 일을 하고 있는지 들어봅니다.

〈공정무역 행사 모금액 기부안내〉

이번 도서실 공정무역 행사(초콜렛 판매와 핫초코시음 기부)로 모금액이 총 311,840원 모았습니다.
이 모금액은 〈네팔 커피 농부들을 위한 현지 교육프로그램 운영〉을 후원하기 위해
"아름다운 커피"에 기부될 예정입니다.

-후원금 사용 용도-
후원금은 네팔 커피 농부들을 위한 현지 교육프로그램 운영비로 사용됩니다.
네팔 커피 농부들이 현지 교육을 받기 위해서는 1인 당 10만원이 소요됩니다.

목표금액 100만원이 모금 되면 10명의 커피 농부들이 현지에서 교육을 받을 수 있습니다.
저희가 기부하는 30만원이면 3명의 농부가 교육을 받을 수 있겠죠?

*1인기준 10만원
1) 교육참가자 지원비(커피농부 지역간 교통비, 숙식비) 6만원
*네팔 산악지역에 있는 커피 농부들이 교육이 진행되는 수도 카트만두로
오기 위해서는 산 넘고 물을 건너 와야한답니다^^
2) 교육자료비(교육용 인쇄물 및 커핑교육 샘플구입등) 4만원

후원금이 많이 모일 수록, 더많은 커피농부들이 참여하여 교육을 받을 수 있겠죠...^^

〈2011년 12월 아름다운커피의 네팔 커피 농부 교육프로그램 운영모습〉

〈2012년 4월 커피 품평회에 참여한 네팔 커피 생산자〉

〈이번 행사에 참여해주신 모든 학생과 선생님들께 감사드립니다.〉

공정무역 응원 캠페인 후 홍보물
창북중학교에서 공정무역 응원 캠페인 후 초콜릿 판매 수익금이 어디에 후원되었는지를 알리
는 홍보물이다. 자신의 소비가 멀리 있는 생산자들에게 어떤 도움을 주었는지 알 수 있고 자신
의 행동이 가져올 수 있는 사회적 변화를 직접 느낄 수 있다.

- 공정무역 포토존을 만들고 공정무역 응원 캠페인을 진행합니다. 사진과 응원 글을 SNS에 올립니다.
- 교실이나 학교 곳곳에 공정무역 응원 캠페인 스티커와 소책자 등을 붙여 지속적으로 홍보합니다.
- 교내 독후감 대회에 공정무역 관련 도서를 포함시켜 학생들이 공정무역에 대해서 읽어볼 수 있는 기회를 만듭니다.
- 공정무역 관련 도서 독후감을 과제로 제시하여 수행평가 등에 반영하거나 학기말 과목별 독후활동에 기록합니다.

참고문헌

제1장 어떤 것을 사서(buy) 어떻게 살(live) 것인가

사드, 개드, 김태훈 옮김, 『소비본능』, 더난출판사, 2012.

전병길 · 고영, 『새로운 자본주의에 도전하라』, 꿈꾸는터, 2009.

함규진, 「인물세계사」, 네이버 캐스트, 2012.

제2장 세계는 왜 이토록 가난할까

센, 아마티아, 『자유로서의 발전』, 갈라파고스, 2013.

옥스팜, 「1%를 위한 경제」, 2016.

EBS다큐프라임, 〈민주주의 − 1부 시민의 권력 의지〉, 2016. 5. 23. 방송.

지글러, 장, 양영란 옮김, 『굶주리는 세계, 어떻게 구할 것인가?』, 갈라파고
　　스, 2012.

제3장 바꾸어도(Trade) 바뀌지(Change) 않는 삶이 있다면

롤스, 존, 황경식 옮김, 『사회정의론』, 서광사, 1990.

르몽드 디플로마티크 엮음, 권지현 옮김, 『르몽드 세계사』, 휴머니스트,
　　2008.

리트비노프, 마일즈 ·메딜레이, 존, 김병순 옮김, 『인간의 얼굴을 한 시장
　　경제, 공정무역』, 모티브북, 2007.

맨큐, N. 그레고리, 김경환 · 김종석 옮김, 『맨큐의 경제학』, 교보문고, 2007.

스티글리츠, 조지프 E.·찰턴, 앤드루, 송철복 옮김,『모두에게 공정한 무역』, 지식의 숲, 2007.

영국코옵대학, 김수진 옮김,『학교에서 배우는 공정무역』, 사단법인 한국공정무역협회, 2012.

커틴, 필립 D., 김병순 옮김,『경제인류학으로 본 세계 무역의 역사』, 모티브북, 2007.

파피노, 데이비드 엮음, 강유원 외 옮김,『철학』, 유토피아, 2008.

폴레, 장 피에르, 김종명 옮김,『청소년이 알아야 할 세계화』, 동문선, 2006.

플레처, 이안, 한상연 옮김,『왜 고장난 자유무역을 고집하는가』, 초록물고기, 2013.

제4장 공정무역, 희망을 만들다

다나카 유·가시다 히데미·마에키타 미아코, 이상술 옮김,『세계에서 빈곤을 없애는 30가지 방법』, 알마, 2016.

MBC스페셜, 〈세상을 바꾸는 실험, 대안기업가들 – 제1부 생산자가 행복하면 소비자도 행복하다〉, 2007. 10. 20. 방송.

제5장 공정무역 생산자 이야기

박경화,『여우와 토종씨의 행방불명』, 양철북, 2010.

박창순·육정희,『공정무역, 세상을 바꾸는 아름다운 거래』, 시대의창, 2010.

베라르디, 프랑코 비포, 송섬별 옮김,『죽음의 스펙터클』, 반비, 2016.

FAIR TRADE ADVOCACY OFFICE, 한국공정무역연합 옮김,『소비자와 생산자와 기업 모두에게 좋은 공정무역의 힘』, 시대의창, 2010.

제6장 공정무역 소비자 이야기

박창순·육정희, 『공정무역, 세상을 바꾸는 아름다운 거래』, 시대의창, 2010.

보우스, 존 외, 한국공정무역연합, 『공정무역은 세상을 어떻게 바꿀 수 있
　　　　을까』, 수이북스, 2012.

오수진, 「한국 공정무역과 시장 공공성에 관한 연구」, 고려대학교 석사학위
　　　　논문, 2011.

제7장 왜 공정무역 단체는 협동조합과 함께하는가

구경모, 「파라과이 소농의 생존 대안으로서의 공정무역 – 만두비라 협동조
　　　　합의 사례」, 『중남미연구』 제29권 제1호, 2010.

김용한·하재은, 『협동조합 설립과 운영 실무』, 지식공감, 2013.

김태억, 「'조합원 10억 명 세계 최대 비정부기구 '국제협동조합연맹'에서 한
　　　　국농협은 가입 50년 만에 세계적 협동조합 도약」, 농민신문, 2014.
　　　　4. 2.

이봉현, 「공정무역과 협동조합 "천생연분"」, 한겨레, 2012. 8. 17.

EBS 지식채널e, 〈클럽, 그 이상의 클럽〉, 2012. 2. 13. 방송.

제8장 어떤 세계를 선택할 것인가

강양구·강이현, 『밥상혁명』, 살림터, 2009.

김명애, 「고온가열 과정 중 대두경화유의 산화안전성에 관한 연구」, 『한국
　　　　식생활문화학회지』 제23권 제1호, 2008.

김은진, 『유전자 조작 밥상을 치워라』, 도솔, 2009.

김훈기, 『생명공학소비시대 알 권리 선택할 권리』, 동아시아, 2013.

뉴스타파 목격자들, 〈GMO 구멍 뚫린 안전망〉, 2016. 8. 26. 방송.

뉴스타파 목격자들, 〈GMO의 습격〉, 2016, 4, 23. 방송.

대전MBC 시사플러스, 〈GMO, 얼마나 알고 드십니까〉, 2015. 6. 30. 방송

레이몽, 윌리엄, 이희정 옮김, 『식탁의 배신』, 랜덤하우스, 2010.

돌세네, 오로지, 『한국의 GMO재앙을 보고 통곡하다』, 명지사, 2015.

식품의약품안전처 공고 제2016-155호.

이주영, 「해외리포트 "아이들의 발목이 썩어가고 있어요" 농약 비 내리는
　　　아르헨티나의 비극」, 오마이뉴스, 2009. 10. 5.

KBS 스페셜 '종자, 세계를 지배하다' 제작팀, 『종자, 세계를 지배하다』, 시
　　　대의창, 2013.

KBS 시사기획 창, 〈식탁 위 GMO, 알고나 먹읍시다〉, 2016. 6. 21. 방송.

KBS 환경스페셜, 〈위험한 연금술 유전자 조작 식품〉, 2007. 7. 4. 방송.

티틀, 마틴·윌슨, 킴벌리, 김은영 옮김, 『먹지 마세요 GMO』, 미지북스,
　　　2008.

허남혁, 『내가 먹는 것이 바로 나』, 책세상, 2008.

전국사회교사모임은

인권, 함께하는 공동체, 지속가능한 사회라는 가치를 존중하면서 사회교사로서의 전문성을 기르기 위해 연구 활동을 하는 교사모임입니다. 정치, 법, 경제, 문화 등 사회과의 여러 주제를 함께 공부하고 다양한 수업자료를 개발하여 회지 발간, 연수, 수업사례발표회를 통해 공유하는 활동을 하고 있습니다.

출간한 책으로는 『주제가 있는 사회교실』『우리 사회를 움직인 판결』『101가지 사회질문사전』『사회 선생님이 들려주는 경제 이야기』『사회적 감수성을 키우는 시민 교과서 - 사회 선생님이 들려주는 세금 이야기』 등이 있습니다.

사회 선생님이 들려주는 공정무역 이야기
사회적 감수성을 키우는 시민교과서

펴낸날	초판 1쇄 2017년 1월 25일
	초판 9쇄 2022년 7월 8일

지은이	**전국사회교사모임**(김규태 · 김동희 · 김상희 · 김선광 · 서재민 · 선보라 · 이수영 · 장경주 · 정민정 · 정유진)
펴낸이	**심만수**
펴낸곳	(주)살림출판사
출판등록	1989년 11월 1일 제9-210호

주소	경기도 파주시 광인사길 30
전화	031-955-1350 팩스 031-624-1356
홈페이지	http://www.sallimbooks.com
이메일	book@sallimbooks.com

ISBN	978-89-522-3576-3 43320

살림Friends는 (주)살림출판사의 청소년 브랜드입니다.

※ 값은 뒤표지에 있습니다.
※ 잘못 만들어진 책은 구입하신 서점에서 바꾸어 드립니다.
※ 이 책에 사용된 이미지 중 일부는 여러 방법을 시도했으나 저작권자를 찾지 못했습니다. 추후 저작권자를 찾을 경우 합당한 저작권료를 지불하겠습니다.